Karl Arnold Kortum
Bochum

Herausgabe und Gesamtredaktion:
Dr. Johannes Volker Wagner

Bearbeitung (Illustrationen, Register, Einführung):
Dr. Gisela Wilbertz

Technische Bearbeitung der Vorlage:
Irmhild Claas und Dr. Gustav Seebold

Karl Arnold Kortum

Nachricht
vom ehemaligen und jetzigen Zustande
der Stadt Bochum

Jubiläumsnachdruck
zum 200jährigen Erscheinen der Erstausgabe

Herausgegeben von
Johannes Volker Wagner

Universitätsverlag Dr. N. Brockmeyer
Bochum 1990

CIP-Titelaufnahme der Deutschen Bibliothek

Kortum, Karl Arnold:
Nachricht vom ehemaligen und jetzigen Zustand der Stadt Bochum / Karl Arnold Kortum. – Jubiläumsnachdr. zum 200jährigen Erscheinen der Erstausg. / hrsg. von Johannes Volker Wagner. – Bochum : Brockmeyer, 1990
ISBN 3-88339-850-0
NE: GT

WG: 63:61

ISBN 3-88339-850-0
Alle Rechte vorbehalten
© 1990 by Universitätsverlag Dr. N. Brockmeyer
Querenburger Höhe 239, 4630 Bochum 1
Gesamtherstellung: Druck Thiebes GmbH & Co. KG Hagen

Inhaltsverzeichnis

	Seite
Vorwort	7
Grußwort	9
Einführung	11

Karl Arnold Kortum, Nachricht vom ehemaligen und jetzigen Zustande der Stadt Bochum (Nachdruck)

Inhalt der Abteilungen

§ 1. Von Bochum überhaupt	19
§ 2. Namen	19
§ 3. Ursprung des Namens	21
§ 4. Kurze Nachricht vom Amte Bochum	23
§ 5. Im Amte gelegene Rittersitze und adelige Güter	26
§ 6. Lage der Stadt	30
§ 7. Umfang des Stadtgebiets	30
§ 8. Alter der Stadt	31
§ 9. Hierher gehörige Urkunden	33
§ 10. Alte und neuere Herren dieser Stadt und Gegend	38
§ 11. Größe der Stadt	41
§ 12. Tore	42
§ 13. Straßen	43
§ 14. Öffentliche weltliche Gebäude	46
§ 15. Geistliche Gebäude	49
§ 16. Zur Stadt gehörige Plätze	58
§ 17. Stadtmühlen	60
§ 18. Wege und Landstraßen bei der Stadt	61
§ 19. Wälder und Holzung	61
§ 20. Brunnen	61
§ 21. Naturgeschichte der Stadtgegend	61
§ 22. Beschaffenheit, Lebensart und Nahrung der Einwohner	64

§ 23. Zahl der Einwohner	67
§ 24. Nähere Nachrichten von den in der Stadt wohnenden Beamten, Geistlichen und weltlichen Bedienten, Professionisten und von anderm Gewerbe sich nährenden Personen	68
§ 25. Judenschaft	69
§ 26. Trauungs-, Geburts- und Sterbelisten der Stadt	70
§ 27. Accise und Consumtion	74
§ 28. Gewohnheiten, besondere Gebräuche und Zeitvertreibe	75
§ 29. Bürgerschaft	77
§ 30. Stadtobrigkeit	78
§ 31. Polizeianstalten	81
§ 32. Rathäusliche Instruktion	83
§ 33. Gerichts- und Polizeiordnung der Stadt	86
§ 34. Märkte	93
§ 35. Stadtwappen oder Siegel	95
§ 36. Ehemalige Amtsobrigkeit	95
§ 37. Freistuhl	97
§ 38. Bochumsches Land- oder Stoppelrecht	97
§ 39. Landgericht	105
§ 40. Postwesen	106
§ 41. Freimaurerloge	106
§ 42. Religion	107
§ 43. Vorgefallene Merkwürdigkeiten in der Stadt	117
Anhang:	
Personenregister	123
Ortsregister	129
Fotonachweis	133
Faltkarte/Grundriß der Stadt Bochum, im Jahre 1790 verfertigt von Doct. C. A. Kortum („Kortum-Karte", Nachdruck)	134/135

Vorwort

Karl Arnold Kortum lebte 54 Jahre lang als praktizierender Arzt und hochgeachteter Bürger in Bochum. Schon für seine Zeitgenossen war er aber mehr als nur der wissenschaftlich ausgebildete Doktor der Medizin. Kortum war Arzt und Naturwissenschaftler, Alchemist und Forscher, Maler und Historiker, Gelehrter und Literat – ein Mann der vielseitigen Talente, der das Wissen und Denken seiner Zeit verkörperte. Er war ein echtes Kind der Aufklärung und er fühlte sich auch allzeit als forschender, einfühlsam lehrender und unterhaltender Aufklärer seiner Mitmenschen. Durch seine zahlreichen medizinisch-wissenschaftlichen, historischen und poetischen Schriften erlangte er bald Ruhm und Ansehen. Weithin bekannt wurde er als Dichter der Jobsiade (1784).

Kortum liebte die kleine Stadt, in der er den „beträchtlichsten" Teil seines Lebens zugebracht hatte: Bochum. Sie war für den in Mülheim geborenen und aufgewachsenen Mann längst zur zweiten Heimat geworden.

Dieser Stadt wollte Kortum mit seiner Feder ein Denkmal setzen. Deshalb unterzog er sich im Jahre 1790 der „sehr mühsamen" Arbeit, eine umfassende Geschichte der Stadt zu schreiben: „Nachricht vom ehemaligen und jetzigen Zustande der Stadt Bochum". Er veröffentlichte sie im Neuen Westphälischen Magazin im 5., 6., und 7. Heft 1790.
„Einige Exemplare" so heißt es in seinen Lebenserinnerungen, „wurden noch davon besonders abgedruckt, welche ich an gute Freunde austeilte und wovon auch eins im rathhäuslichen Archive der Stadt Bochum, zum beständigen Andenken, von mir verehrt wurde. Ich fügte demselben meinen eigenhändig gemachten Grundriss der Stadt Bochum bei."

Der Magistrat nahm des Werk und die Karte mit „vielem Danke" entgegen.

Kortum hat die erste umfassende Geschichte der Stadt Bochum geschrieben, einer Stadt, die damals mit ihrem 1.474 Einwohnern nur 402 Häuser zählte und sehr „unregelmäßig" bebaut war. Außer einer ganz kleinen bürgerlichen Führungsschicht – Beamte, Kaufleute, einige freie Berufe – lebten hier vor allem Handwerker, Kleinhändler, Tagelöhner und Bauern: „Jeder Bürger, er sey vornehm oder geringe, hat eine oder mehrere Kühe, die Ärmsten haben wenigstens eine Ziege."

Kortum ist der penible, detailfreudige und zugleich amüsante Chronist dieser kleinen Ackerbürgerstadt. Er untersucht und erwähnt alles, was irgendwie wichtig und interessant sein könnte. Von der Deutung des Namens und der geographischen Lage der Stadt über ihre Straßen, Plätze, Tore, Kirchen, Häuser bis hin zu den Menschen, die „durchgehend" eine „einfache Lebensordnung" führen: „Der größte Haufe nährt sich fast blos von Brot, Milch, Butter und Gemüse; selten wird von dem gemeinen Mann Fleisch gegessen, noch seltener schmeckt er Fische." Auch die Sitten und Gebräuche, die Verwaltung der Stadt, die Gerichtsbarkeit und die „vorgefallenen Merkwürdigkeiten" werden gewissenhaft und sorgfältig verzeichnet.

So entsteht das Bild einer Stadt, die noch in einer bäuerlichen „Idylle" zu ruhen scheint und doch schon am Vorabend einer neuen Zeit steht. Nur 50 Jahre nach dieser chronikalischen Aufnahme wird sich die Bochumer Welt grundlegend verändern: Die Industrie hält Einzug und gibt der Stadt ein neues Gepräge.

Hätte Kortum durch seine Aufzeichnungen und Pläne das Gesicht der ackerbürgerlichen Stadt nicht so genau festgehalten, dann wäre vieles vom „alten", vorindustriellen Bochum heute nicht mehr rekonstruierbar. So ist die Arbeit Kortums zu einer wichtigen Quelle für die Historiker geworden.

Deshalb erschien es sinnvoll, dieses historiographische Kleinod zum 200. Jubiläum der Erstausgabe in einem repräsentativen Nachdruck neu herauszubringen, die dreiteiligen Zeitschriftenbeiträge in einem Band zusammenzufassen, sie mit zeitgenössischen Bildern zu illustrieren, ein Personen- und Ortsregister (sowie eine neue Seitennumerierung am unteren Rand) beizufügen und durch eine kurze Einführung den Stellenwert dieser frühen Ortsgeschichte zu erläutern.

Es ist den Mitarbeitern des Stadtarchivs Bochum, Frau Irmhild Claas und Herrn Dr. Gustav Seebold, zu danken, daß die alte Vorlage druckreif gemacht und durch die Bearbeitung von Frau Dr. Gisela Wilbertz in dieser mit Bildern, Register und Einführung angereicherten Form als Nachdruck erscheinen konnte. Ein Dank gilt auch dem Verleger, Herrn Dr. N. Brockmeyer, für sein besonderes Engagement und der Vereinigung für Heimatkunde e.V., die sich in Kortum-Gesellschaft Bochum e.V. umbenannt hat, für die Unterstützung bei der Herausgabe dieses Werks.

Möge diese frühe Geschichte der Stadt Bochum auch noch nach 200 Jahren viele interessierte Leser finden und zum Nachdenken über den historischen Wandel einer Stadt im Ruhrgebiet anregen.

Bochum 1990   Johannes Volker Wagner

Grußwort

Kortums unverändert bedeutende, aber bislang schwer zugängliche Stadtgeschichte von 1790 und den dazugehörigen „Grundriß der Stadt Bochum" im Jahr der 200. Wiederkehr der Erstveröffentlichung drucken zu lassen, war unsere erklärte Absicht anläßlich der kürzlich erfolgten Umbenennung der „Vereinigung für Heimatkunde Bochum e.V." in „KORTUM-GESELLSCHAFT BOCHUM E.V. – Vereinigung für Heimatkunde, Stadtgeschichte und Denkmalschutz –".

Gleichlaufende Herausgabepläne des Stadtarchivs in Zusammenarbeit mit einem Bochumer Verlagshaus eröffneten die Möglichkeit, uns als KORTUM-GESELLSCHAFT an dem städtischen Projekt zu beteiligen und es nach Kräften zu fördern.

Wir begrüßen es, das Karl Arnold Kortum, diese für Bochum wie die gesamte Ruhrregion so wichtige Persönlichkeit, in der vorliegende Veröffentlichung eine besondere Anerkennung durch die Stadt Bochum erfährt und daß die Bochumer Bürger hiermit über eine der zentrale Quellen zur neueren Geschichte ihrer Stadt verfügen.

Eberhard Brand
KORTUM-GESELLSCHAFT BOCHUM E.V.

Einführung

Als 1790 im zweiten Band des „Neuen Westphälischen Magazins" der dreiteilige Beitrag „Nachricht vom ehemaligen und jetzigen Zustande der Stadt Bochum" erschien, war der Verfasser, Karl Arnold Kortum, schon längst kein Unbekannter mehr. Seinen Ruhm hatte er sich jedoch nicht als Historiker erworben, wie die Bochumer Stadtgeschichte vermuten lassen könnte, sondern als Dichter. 1784 war sein komisches Heldengedicht, die „Jobsiade", erschienen und hatte ihn weit über Bochum und Westfalen hinaus bekannt gemacht. Das Werk erwies sich schon zu seinen Lebzeiten als „Bestseller" und wird bis heute immer wieder neu aufgelegt. Nun war Kortum von Beruf und Ausbildung her aber auch kein Literat, sondern Mediziner – eine Tätigkeit, die ihm schon eher in die Wiege gelegt worden war.

Karl Arnold Kortum wurde am 5. Juli 1745 in Mülheim a. d. Ruhr als Sohn des Apothekers Christian Friedrich Kortum geboren. Die Mutter Helena Maria Severin stammte aus Bochum, wo ihr Vater Georg Henrich Severin 1691 die erste, heute noch bestehende sog. „Alte Apotheke" gegründet hatte. Auch der erste Ehemann der Helena Maria Severin, der aus Nürnberg gebürtige Friedrich Albrecht Künzel, war von Beruf Apotheker. Vater Kortum, der bereits starb, als der kleine Karl Arnold erst drei Jahre alt war, scheint ebenfalls gern geschrieben zu haben; an seine Sammlungen und Kräuterbücher wußte sich der Sohn noch in seinen späten Lebensjahren lebhaft zu erinnern. Nach einer Schulzeit in Mülheim und Dortmund immatrikulierte er sich im Frühjahr 1763 an der Universität Duisburg, wo er drei Jahre später zum Doktor der Medizin promoviert wurde. Um auch „in preußischen Landen" als Arzt praktizieren zu können, belegte er im gleichen Jahr 1766 in Berlin einen Kursus in Anatomie. Preußen – das war damals auch die Grafschaft Mark und das darin gelegene Landstädtchen Bochum. Dort heiratete er 1768 seine Kusine Helena Margaretha Ehinger und eröffnete zwei Jahre später eine medizinische Praxis. In Bochum starb er auch am 15. August 1824. Seine Grabstätte auf dem Alten Friedhof, dem später nach ihm benannten „Kortum-Park", ist noch erhalten.

Seit seiner Studentenzeit war Kortum schriftstellerisch tätig. Die schöngeistige Produktion – Gedichte mit meist komisch-satirischem Einschlag – macht dabei nur einen geringen Teil aus. Die weitaus meisten Werke befassen sich mit den damals aktuellen Fragen in Medizin und Naturwissenschaften, Geschichte und Archäologie, Volkskunde und Tagespolitik. Kortum interessierte sich für alles. Das Spektrum reicht von der Bienenzucht bis zum Begräbniswesen, von der Alchimie und der Entzifferung von Geheimschriften bis zur Pädagogik, von der Einführung eines neuen Gesangbuches bis zur Rumfordschen Suppe. Einige seiner Arbeiten stehen in engerem Zusammenhang mit seiner Bochumer Stadtgeschichte, so besonders sein 1800 erschienener Beitrag über den Grafen Ostermann, dem er bereits zehn Jahre früher einen längeren Abschnitt gewidmet hatte, aber auch die archäologischen Arbeiten über eine alte germanische Grabstätte (1804) und über das an der Lippe gefundene Horn eines Auerochsen nebst Elefantenzahn (1813) sowie eine volkskundliche

Abhandlung über das Märchen vom Kobold zu Hardenstein (1799). Als aufmerksamen Chronisten und Zeitzeugen erleben wir Kortum in seinen Aufsätzen über die Freischule auf Haus Overdyk (1791), über die Streitigkeiten bei der Besetzung einer Predigerstelle in Bochum (1791) und über die in Bochum errichtete Erziehungsanstalt für junge Frauenzimmer (1799).

Die Anregung, im „Neuen Westphälischen Magazin" eine Geschichte der Stadt Bochum zu publizieren, kam zweifellos von dieser Zeitschrift selbst. Wie ihre Vorgängerin, das „Westphälische Magazin", beide herausgegeben von dem Bielefelder Gymnasiallehrer Weddigen, trug sie den bezeichnenden Untertitel „zur Geographie, Historie und Statistik". Mit ihrem Anspruch „gemeinnütziger Bemühungen" erwies sie sich als echtes Kind der Aufklärung. Denn der im Vorwort zum ersten Band von 1784 angegebene Zweck, „Materialien zu einer künftigen vollständigen topographisch-historisch-statistischen Beschreibung des Niederrheinisch-Westphälischen Kreyses mitzutheilen", war ja die unabdingbare Voraussetzung für jede Art von Verbesserung. Um Fortschritte für das gemeine Wohl erzielen zu können, war zunächst eine Bestandsaufnahme notwendig. Nicht von ungefähr ist das 18. Jahrhundert die Zeit der Landes- und Reisebeschreibungen, der Topographien und Statistiken, und nicht von ungefähr wurde damals auch die Geschichte neu entdeckt. Denn zu der Bestandsaufnahme gehörte eben auch das Wissen um die Vergangenheit. Die heute noch als Quelle unschätzbare „Westphälische Geschichte" des Pfarrers Johann Diederich von Steinen, erschienen in den Jahren 1749-1760, ist dafür ein hervorragendes Beispiel. Geschichtsschreibung hatte es natürlich immer gegeben, aber bis damals war es vorwiegend die Geschichte von Päpsten und Heiligen, von siegreichen Feldherren, von Kaisern, Königen und sonstigen gekrönten Häuptern, von Haupt- und Staatsaktionen. Geschichte verstanden auch als Beschreibung des Alltags der „kleinen Leute", ihrer Umwelt, ihrer Arbeit und ihres Verhaltens, unter Einbeziehung von Sitten und Gebräuchen, Landschaft und Bauwerken – das war neu. Es kommt dem nahe, was wir heute als Sozial- und Alltagsgeschichte bezeichnen, und macht wesentlich den Reiz dieser frühen historischen Arbeiten aus.

Karl Arnold Kortum hatte außer in von Steinen, den er häufig zitiert, auch im „Westphälischen" bzw. „Neuen Westphälischen Magazin" einige thematisch verwandte Vorbilder, so z.B. „Historisch-Geographische Beschreibung der Grafschaft Lippe" (1784), „Historisch-Geographische Beschreibung der Stadt Minden" (1784), „Vorläufige Nachricht von der Stadt Soest" (1784), „Historisch-Geographische Beschreibung der Stadt Goch" (1784), „Historisch-Geographische Beschreibung der Stadt Wesel" (1786), „Historisch-Geographische Beschreibung der Stadt Duisburg" (1787), „Historisch-geographisch-statistische Beschreibung der Grafschaften Tecklenburg und Lingen" (1788). Kortums „Nachricht vom ehemaligen und jetzigen Zustande der Stadt Bochum" geht aber weit darüber hinaus. Nicht nur in Länge und Ausführlichkeit unterscheidet sie sich von den älteren Arbeiten, sondern auch in ihrem Vollständigkeitsanspruch. Kortum, so schreibt er in seiner Vorrede, wollte alles zusammentragen, „was ich von der ehemaligen Beschaffenheit und den Schicksalen dieser an sich kleinen Stadt in alten Handschriften, Urkunden, Jahrbüchern [...] und sonst hier und da zerstreut gefunden und zuverlässig gehöret hatte." Vor allem wollte er keine „trockene Ortsbeschreibung", sondern „etwas Angenehmes", die Leser Unterhaltendes, liefern. Man darf wohl sagen, daß ihm beides hervorragend gelungen ist.

In den 43 Kapiteln seiner dreiteiligen Darstellung läßt Kortum nichts aus. Name, Alter und geographische Lage von Bochum, Beschreibung seiner Straßen und Gebäude, Zahl und Berufe der Einwohner, Mitteilungen über Verwaltung, Handel und Gewerbe, Sitten und Gebräuche, Recht und Gewohnheiten. Dies ist wahrlich „histoire totale", Topographie und Statistik, Sozial- und Wirtschaftsgeschichte, Volkskunde, Rechts- und Verwaltungs-, Kunst- und Kirchengeschichte in einem. Was Kortums Stadtgeschichte aber so bedeutend und wertvoll bis heute macht, ist dreierlei. Zunächst die Verwendung von Quellen, die er erstmals zitiert, so die beiden ältesten Bochumer Urkunden von 1298 und 1321. Während von Steinen nur die jüngere in einer Abschrift von 1751 kannte, hat Kortum die Originale in der Hand gehabt. „Aus einer alten Handschrift", wie er schreibt, veröffentlicht er erstmals das berühmte „Bochumer Land- oder Stoppelrecht", das später noch die Gebrüder Grimm für wert erachteten, in ihre Sammlung deutscher Rechtsaltertümer aufgenommen zu werden. Kortum erkennt auch die Bedeutung einer zeitgenössischen Quelle wie des „Rathäuslichen Reglements", das 1731 von König Friedrich Wilhelm I. von Preußen für Bochum erlassen worden war. Nicht zuletzt findet man bei Kortum die erste Beschreibung das Maiabendfestes. Die zweite Bedeutung seiner Stadtgeschichte liegt darin, daß sie die Verhältnisse um und vor 1790 widerspiegelt. Kortum ist Zeitzeuge, und was für ihn Beschreibung der Gegenwart war, ist für uns historische Quelle. Manches wüßten wir aus jener Zeit nicht, wenn Kortum es nicht für mitteilenswert gehalten hätte. So ist die Existenz einer Lesegesellschaft in Bochum – einer für die Aufklärung typischen Institution, die ein bemerkenswertes Schlaglicht auf Interessen- und Bildungsstand der Einwohner wirft – nur ein einziges Mal, durch ihn, überliefert. Geradezu einmalig ist ein dritter Punkt, nämlich die Beilage eines Stadtplans (dessen Original leider nach dem 2. Weltkrieg verlorenging). Es handelt sich nicht nur um die erste genaue Kartierung des alten Bochum, der Benennung seiner Straßen und Plätze, sondern Kortum zeichnet jedes einzelne damals vorhandene Gebäude. Dabei gibt er offensichtlich die reale Gestalt wieder – deutlich erkennbar an den heute noch erhaltenen Kirchen. Nur durch ihn wissen wir, wie das alte Rathaus oder wie die erste Synagoge aussah.

Was Kortums Stadtgeschichte bis heute so modern und lebendig macht, ist sein ganz spezifischer Blick auf die Geschichte. Nüchtern und sachlich, abwägend und prüfend, mit klarem Verstand und kritischem Geist, aber auch mit Wärme, Einfühlungsvermögen und Verständnis gerade für das Leben der einfachen Menschen – und das waren damals die meisten, in Bochum und anderswo. Man kann die Geschichte der Stadt Bochum mit vielen Fakten und Erkenntnissen anreichern – besser darstellen als Kortum kann man sie kaum.

Karl Arnold Kortum (1745–1824) – Arzt, Schriftsteller, Naturforscher, Wissenschaftsjournalist.

Selbstbildnis, Pastell. Stadthist. Sammlung, Haus Kemnade.

Karl Arnold Kortum
der Arzn. Doktor

Nachricht

vom ehemaligen und jetzigen Zustande

der Stadt Bochum.

Neues
Westphälisches
Magazin
zur
Geographie, Historie und Statistik.

Leipzig, Lemgo, Berlin und Bielefeld.
1790

Karl Arnold Kortum
der Arzn. Doktor

Nachricht
vom ehemaligen und jetzigen Zustande
der Stadt Bochum.

Vorrede.

Als ich mich entschloß eine Nachricht von dem Zustande der Stadt Bochum auszuarbeiten, nahm ich mir gleich vor, mich nicht einzig und allein in den Schranken einer trocknen Ortbeschreibung zu halten, sondern auch alles dasjenige zu sagen, was ich von der ehemaligen Beschaffenheit und den Schicksalen, dieser an sich kleinen Stadt, in alten Handschriften, Urkunden, Jahrbüchern und auch in der von dem gelehrten Herrn von Steinen herausgegebenen Westphälischen Geschichte und sonst hier und da zerstreut gefunden und zuverläßig gehöret hatte. Ich glaubte, alsdann nicht allein etwas Vollständiges, sondern auch etwas Angenehmes zu liefern.

Die Schwierigkeiten, welche man bey Ortbeschreibungen solcher Art gemeiniglich antrift, habe ich im reichlichsten Maaße gefunden; doch muß ich dankbar rühmen, daß meine vielen Freunde in dieser Stadt, geistlichen und weltlichen Standes, durch Mittheilung archivarischer Urkunden und anderer Nachrichten, mir die Mühe sehr erleichtert haben.

Ich habe nicht den mindesten Eigennutz bey dieser Schrift, sondern nur den Zweck gehabt, dem Orte wo ich den beträchtlichsten Theil meines Lebens zugebracht habe; ein Denkmaal zu stiften, dem Publikum überhaupt zu dienen, und andere zu ähnlichen oder bessern Ortbeschreibungen der Grafschaft Mark, aufzumuntern.

Inhalt der Abtheilungen.

§. 1. Von Bochum überhaupt. §. 2. Namen. §. 3. Ursprung des Namens. §. 4. Kurze Nachricht vom Amte Bochum. §. 5. Im Amte gelegene Rittersitze und adeliche Güter. §. 6. Lage der Stadt. §. 7. Umfang des Stadtgebiets. §. 8. Alter der Stadt. §. 9. Hieher gehörige Urkunden. §. 10. Alte und neuere Herren dieser Stadt und Gegend. §. 11. Größe der Stadt. §. 12. Thore. §. 13. Straßen. §. 14. Oeffentliche weltliche Gebäude. §. 15. Geistliche Gebäude. §. 16. Zur Stadt gehörige Plätze. §. 17. Stadts-mühlen. §. 18. Wege und Landstraßen bey der Stadt. §. 19. Wälder und Holzung. §. 20. Brunnen. §. 21. Naturgeschichte der Stadtgegend. §. 22. Beschaffenheit, Lebensart und Nahrung der Einwohner. §. 23. Zahl der Einwohner. §. 24. Nähere Nachricht von den in der Stadt wohnenden Beamten, geistlichen und weltlichen Bedienten, Professionisten und von anderm Gewerbe sich nährenden Personen. §. 25. Judenschaft. §. 26. Trauungs- Geburts- und Sterbelisten der Stadt. §. 27. Accise und Consumtion. §. 28. Gewohnheiten, besondere Gebräuche und Zeitvertreibe. §. 29. Bürgerschaft. §. 30. Stadtsobrigkeit. §. 31. Polizeyanstalten. §. 32. Rathhäusliche Instruktion. §. 33. Gerichts- und Polizeyordnung der Stadt. §. 34. Märkte. §. 35. Stadtswaapen oder Siegel. §. 36. Ehmalige Amtsobrigkeit. §. 37. Freystuhl. §. 38. Bochumsches Land- oder Stoppelrecht. §. 39. Landgericht. §. 40. Postwesen. §. 41. Freymäurerloge. §. 42. Religion. §. 43. Vorgefallene Merkwürdigkeiten in der Stadt.

§. 1.

Ansicht der Stadt Bochum von der Nordostseite, ca. 1845.

Farblithographie von Müller. Propstei Bochum.

§. 1.
Von Bochum überhaupt.

Bochum oder Bockum ist eine mittelmäßige Stadt der Grafschaft Mark, in einem von den vierzehn Aemtern derselben gelegen, welches von dieser Stadt den Namen hat; weil sie der vornehmste Ort in demselben ist. Obgleich sie jetzt unter die Mittelstädte der Grafschaft Mark gerechnet wird, so machte sie doch in ältern Zeiten den Hauptort in einer besondern Grafschaft, Buichem genannt, aus. Gelenius in Vit. S. Engelberti Libr. 2. Cap. 1. führt diese Grafschaft Buichem ausdrücklich an, und in einer alten Handschrift, derer von Steinen im 16ten Stück seiner westphälischen Geschichte erwehnet, heißt es: Baukum oppidum cum Aula principis, fuit olim singularis Comitatus Cobonis comitis. In einer andern ähnlichen Handschrift, welche ich gesehen habe, wird zu diesen Worten noch gesetzet: hinc dicitur Cobonisheim. In spätern Zeiten wurde diese Stadt den vornehmsten Städten der Grafschaft Mark beygezählet. Als eine solche kommt, nebst Hamm, Unna, Camen, Iserlohn, Schwerte und Lünen, zulezt Boykem, in einem Vertrage des Herzogs Adolph von Cleve und Gert von Cleve aus dem Jahre 1437 vor, welcher sich im ersten Theile der angeführten von Steinenschen westphälischen Geschichte vollständig abgedruckt befindet.

§. 2.
Namen.

Keine von allen Städten Westphalens hat so viele veränderte Namen, als diese. Dieses kann eine von den Ursachen seyn, warum der sonst in mancher Rücksicht merkwürdige Ort, bisher so wenig eigentlich bekannt geworden ist. Man trift diese Stadt nicht auf allen Karten Westphalens an, weil sie den Verfassern derselben vielleicht zu unbedeutend scheinen mochte, oder sie auch wegen der mancherley Namen irre wurden. Einige ältere vaterländische Geographen haben sie doch nicht vergessen. In Quadens geographischem Handbuche findet man diese Stadt, sowol auf der gemeinen Karte Westphalens, als auch auf den besondern Karten des Erzbißthums Kölln und des Bißthums Münster, obgleich mit verschiedenen Namen; denn sie heißt daselbst **Boeken, Bokum** und **Boekum**. Auch der berühmte **Merkator** hat sie in seinem Atlas, auf der Karte des Erzbißthums Kölln, mit dem Namen **Bockum** bezeichnet. In Matthæi Meriani Topographia Westphaliæ heißt sie **Beckum** und **Böckum**; daselbst befindet sich auch ein Kupferstich von dieser Stadt, worüber die Aufschrift **Böckhem** steht, dessen Zeichnung aber schlecht und fehlerhaft gerathen ist. In dem oben angeführten Vertrage des Herzogs Adolph von Cleve und Gert von Cleve, wird sie bald **Boykem**, bald **Borcheim** genannt, so wie bey **Gelenius** in der ebenfals oben angeführten Stelle diese Stadt, nebst der Grafschaft, **Buichem** heißt. Eben dieser Schriftsteller nennt sie, im 5ten Kapitel seines Buchs, auch **Bechem**. In einem Briefe vom Jahre 1384, welcher sich im Archiv des Stifs **Elsoy** befindet, Kraft dessen der Erzbischof Friederich zu Kölln eine Kapelle zu **Suethum**, nahe bey Bochum, einweihen lassen, welche aber jetzt nicht mehr existirt, heißt diese Stadt **Boychem**. Zufolge einer bey **Teschenmacher** S. 284 befindlichen historischen Nachricht vom Jahre 1392, nennte man auch diese Stadt nebst dem Gerichte **Rofbucheim**. In dem Verzeichnisse der Güter des Stifts **Herdike**, welches von der Abtissin Hathewig im Jahr 1229 verfertigt worden, und bey v. Steinen im 4ten Theile der Westph. Gesch. Seite 93, zu lesen ist, worin auch einige Abgaben von Bochumschen Häusern vorkommen, wird sie mehrmals **Buchem** genennt. Eben so heißt sie in einer Urkunde aus dem Jahre 1298, welche sich im Stadtarchiv zu Bochum, vom Grafen Everhard von der Mark befindet, und nachher von mir mitgetheilt werden soll. In dem alten Stadtprivilegium vom Grafen Engelbert aus dem Jahre 1321, welches ebenfals nachher folgen soll, hat sie den Namen **Bochem**. In andern alten Urkunden finde ich sie auch **Boekem** und **Buchen** benannt. In den meisten Briefen aus den beiden lezten Jahrhunderten heißt sie **Bochumb** und **Bockumb**, auch wol **Bauckem** und **Bauckum**. Diese leztere Benennung ist auch schon in der §. 1. angeführten alten Nachricht befindlich; sie ist auch jetzt noch grade diejenige, womit sie in der plattdeutschen märkischen Sprache durch-

der Stadt Bochum.

durchgängig bezeichnet wird. Der älteste Name dieser Stadt ist unstreitig villa Cobbonis, **Cobucheim** und **Cofbuchem.** In einer Handschrift, welche sich zu Paderborn befindet, heißt es: Anno 1243, 1. Maji per transactionem eo deventum est, quod Henricus Dux Limburgensis & Comes Montensis tutor Theodorici Isenburgici Adolpho Comiti de Marca concesserit comitatum, jurisdictionem & *Villam Cobbonis*, vulgariter dictam *Bokum*. In einer andern handschriftlichen Urkunde heißt es ferner: Anno 1041 Hermannus Archiepiscopus Coloniensis ex Amore Christi dedit Monasterio tuitiensi bona quædam juxta Villam *Cobucheim*. Eben diese Urkunde hat von Steinen schon aus Stangenfols Annal. Circ. Westph. weitläufiger im 16ten Stück der Westph. Gesch. §. 3. angeführt; jedoch ist daselbst der Name Cobucheim in **Cofbuchem** verändert. Von den beiden leztern Benennungen rührt es ohne Zweifel her, daß diese Stadt auch zuweilen noch jetzt **Raubaukum** genennt wird. Der heutige gewöhnliche Name ist, wie gesagt, **Bochum** oder **Bockum**; weil es aber einige Oerter giebt, welche eine ähnliche Benennung haben, so müssen solche mit unserm Bochum nicht verwechselt werden. Es giebt auch ein adeliches Geschlecht **von Bochum** und **von Aldenbokum**, beide haben aber mit dieser Stadt keine Verbindung.

§. 3.
Ursprung des Namens.

Woher der Name dieser Stadt seinen Ursprung habe, ist nicht ganz gewiß. Einige behaupten, er sey von einem Buchwalde entstanden, welcher vormals an der Stelle gewesen sey, wo sich jetzt die Stadt befindet. Rayser im Clevischen Parnaß, 3. Theil, hat unter andern diese Meinung angenommen und mit dichterischem Spielwerke nach damaliger Sitte geschmückt. Er merkt besonders an, daß die Bücher überhaupt von den Rinden der Buchbäume, auf welche sie ehmals geschrieben worden, ihren Namen bekommen hätten, und weil in Bochum viele gelehrte Leute wohnten, so habe sie billig von den Buchen und Büchern ihren Namen. In einem Glückwunsche, welchen eben dieser Schriftsteller der Inauguraldissertation angehängt hat, welche ein Bo-

54 Vom ehemaligen und jetzigen Zustande

chumenser, Brockhausen genannt, im Jahre 1706 in Duisburg gehalten, nennt er ebenfals Bochum die Bücherstadt, und wünscht wohlmeinend, daß diese Stadt kein Bochim, das heißt nach B. der Richter Kap. 2. v. 4.5. kein Klaghaus seyn möge. Andere, denen auch v. Steinen im 16ten Stück der Westph. Gesch. beytritt, glauben, es habe die Stadt den Namen vom Grafen Cobbo erhalten, welcher der Stammvater der gräflichen Familie von Cobbenheim und einer der ersten Herren der Grafschaft Buichem gewesen ist. Daher soll nun auch der Ort in den ältesten Zeiten seines Daseyns, Villa Cobbonis genannt worden seyn. Der Platz, wo dieser Graf eines seiner Hauptschlösser gehabt und dessen Familie nachher gewohnt hat, wird noch jetzt gezeigt. Es ist ein großer Meyerhof eine halbe Stunde von Bochum entlegen, es werden hier noch die Spuren eines breiten Grabens und andre Merkmale eines zerfallenen großen Schlosses angetroffen; in dem jetzt dabey befindlichen Teiche sieht man sogar noch große Stücke von Mauern aus Backsteinen und andern Steinen. Der Meyerhof wird auch jetzt noch Robeysem genannt, welches Wort, ohne Zweifel, ursprünglich Cobbonisheim oder die Wohnung des Cobbo andeuten soll. Von gedachtem Schlosse soll also die Stadt selbst den Namen Cobucheim, Bucheim und endlich Bochum, erhalten haben. Ich habe indessen in alten Nachrichten gefunden, daß hieselbst würklich ein großer Buchenwald gewesen sey; daher kommt es vielleicht auch, daß in den §. 1. angeführten Charten des geographischen Handbuchs von Quaden, bey Bochum ein dicker Wald gezeichnet ist. Weil nun auch die Erbwohnung des Bochumschen Stadtschultheißens zuweilen noch jetzt der Schultheißen Hof in den Büchen genannt wird, ob gleich keine einzige Büche hier mehr vorhanden ist; so glaube ich daß der Name Bochum oder Robucheim daher entstanden sey, weil der Graf Cobbo hieselbst einen großen Buchenwald gehabt, bey welchem er sein Schloß erbauet, und daß man deswegen den Platz und die Gegend dieses Schlosses anfangs Cobbonisbüchen geheißen, und in der Folge mit den übrigen angeführten Namen belegt habe. Schon Tacitus sagt, daß die Deutschen anfänglich keine eigentliche Städte gehabt, sondern einzeln und zerstreut sich da niedergelassen hätten, wo ihnen ein Brunnen, Wald oder Feld gefallen hätte.

der Stadt Bochum.

hätte. Hievon kommen, wie mehrere schon bemerkt haben, die vielen Benennungen derjenigen Städte und Oerter, welche sich auf **Brunn, Bach, Feld, Wald, Holz** u. s. w. endigen. Es kann also Bochum gar wohl von den hieselbst gestandenen Büchen des Cobbo seine erste Benennung bekommen haben.

§. 4.
Kurze Nachricht vom Amte Bochum.

Das Amt Bochum, welches in ältern Zeiten eine besondere Grafschaft und nachher ein Gericht gewesen, beträgt im Umfange ohngefähr 8 Stunden. Es gehören hierzu:

1. Die Stadt und das Kirchspiel Bochum selbst.
2. Das Kirchspiel Gelsenkirchen.
3. ″ — Grimberg.
4. ″ — Harpen.
5. ″ — Krange.
6. ″ — Linden oder Linne.
7. ″ — Lütgendortmund.
8. ″ — Königssteel.
9. ″ — Uemmingen.
10. ″ — Weitmar.
11. Das Freygericht Castrop.
12. ″ — Eickel.
13. ″ — Langendreer.
14. ″ — Strünkede nebst dem Kirchspiele Herne.
15. Die Stadt und Freyheit Wattenscheid.

Sonst wird das Amt Bochum eingetheilt in das Oberamt, Mittelamt und Niederamt. Zum Oberamte gehören Harpen und Lütgendortmund; zum Mittelamte die Stadt Bochum selbst, wie auch Eickel, Krange, Uemmingen und Weitmar; zum Niederamte, Gelsenkirchen, Grimberg, Königssteel und Wattenscheid.

1) Zum Kirchspiele der Stadt Bochum gehören folgende Dörfer und Bauerschaften, welche theils eine halbe, theils eine ganze Stunde von der Stadt liegen. Altenbochum, Grumme, die Brenscheder-

schederheide, Hamme, welches wieder in Goldhamme und Hundhamme eingetheilt wird, Harkenscheid, Hofstede, Marmeshagen, Riemke, Wiemelhausen.

2) Das Kirchspiel Gelsenkirchen ist nordwärts, ohngefähr zwey Stunden von der Stadt gelegen. Es gehört außer dem Kirchdorfe Gelsenkirchen dazu: ein Theil der Bauerschaft, imgleichen Bulmke, Hesler, Schalke.

3) Das Kirchspiel Grimberg, nahe bey Gelsenkirchen, macht blos das Kirchdorf Grimberg aus.

4) Das Kirchspiel Harpen liegt eine Stunde ostwärts von der Stadt. Es gehören dazu das Kirchdorf Harpen, Kornharpen, Gerte.

5) Das Kirchspiel Krange, zwey Stunden weit von der Stadt, nordwärts gelegen, besteht blos aus dem Kirchdorfe Krange.

6) Das Kirchspiel Linden oder Linne, nordwärts, zwey Stunden von der Stadt, hat ebenfals außer dem Kirchdorfe Linne oder Linden keine Dörfer.

7) Das Kirchspiel Lütgendortmund ist zwey Stunden von der Stadt ostwärts gelegen. Es gehören dazu das Kirchdorf Lütgendortmund, Marten, Gespel, Kley, Holte, Raem oder Rahm, Westrich, Böwinghausen, imgleichen noch aus dem Amte Hörde die Dorfschaften Ammen und Wullen, und aus dem Gerichte Langendreer die Dorfschaften Werne, Stockum, Düren und Sombern.

8) Das Kirchspiel Königssteel liegt westwärts, zwey Stunden von der Stadt. Es gehören außer dem kleinen Kirchdorfe Königssteel, welches als ein Vorstädtchen der stiftessendischen Stadt Steel anzusehen ist, noch dazu die Einwohner von Eilberg, Freisenbrock und des Gerichts Horst.

9) Das Kirchspiel Uemmingen liegt südwärts eine Stunde von der Stadt; dazu gehören das Kirchdorf Uemmingen, imgleichen Laer und Querenburg.

10) Das Kirchspiel Weitmar ist südwestwärts eine Stunde von der Stadt. Es besteht eigentlich aus zwey Bauerschaften, nemlich aus der Bauerschaft Eppendorp und der Bauerschaft Weitmar; zu der

der leztern gehören nebst dem Kirchdorfe Weitmar, Brantrop, Bärendorf, Nevel, Varenholt und einige andere einzelne Höfe und Hufen.

11) Das Freygericht Castrop liegt nordwärts zwey Stunden von der Stadt. Es wird in das alte und neue Gericht eingetheilt. Zum alten Gerichte gehören verschiedene Einwohner von Bornick, Berninghausen, Bövinghausen, Frolinne, Merklinne, Holthausen, Obern-Castrop, Sodingen, Rauxel. Zu dem neuen Gerichte gehören außer verschiedenen Einwohnern der vorhergenannten Dörfer, noch die Dörfer Habichhorst, und zum Theil Pöppinghausen und Bladenhorst.

12) Das Freygericht Eickel liegt nordwestwärts eine Stunde von der Stadt. Es gehören dazu das Kirchdorf Eickel, Bickern, Hoisterhausen, Hordel, Hüllen, Röllinghausen.

13) Das Freygericht Langendreer ist südostwärts zwey Stunden von der Stadt. Es gehören dazu das Kirchdorf Langendreer, Düren, Sombern, Stockum, Werne.

14) Das Freygericht Strünkede ist nordostwärts zwey Stunden von der Stadt, und dazu gehören das Kirchdorf Herne, Bauckau, Hiltrop, Horsthausen, Pöppinghausen, Sodingen.

15) Die Stadt und Freyheit Wattenscheid liegt nordwestwärts, anderthalb Stunden weit von der Stadt Bochum. Es gehören dazu Aschenbruck, Günnigfeld, Sevinghausen, Stalleicken, Höntrop, Westenfeld, Ueckendorp und ein Theil der Braubauerschaft.

Weil diesesmal mein Vorhaben nur ist eine Beschreibung der Stadt Bochum allein, und nicht des ganzen Amtes, zu liefern; so habe ich mit einer vollständigen Erklärung dieser im Amte Bochum gelegenen vielen Dörfer und Plätze mich nicht aufhalten wollen. Aus dieser kleinen gegebenen Nachricht geht indessen hervor, daß das Amt Bochum keinen unbeträchtlichen Theil der Grafschaft Mark ausmache, und es also wol wahr seyn könne, daß solches in ältern Zeiten eine besondere Grafschaft gewesen sey.

58 Vom ehemaligen und jetzigen Zustande

§. 5.
Im Amte gelegene Rittersitze und adeliche Güter.

In dem verhältnißmäßigen kleinen Raume des Amtes Bochum befinden sich sehr viele Rittersitze und adeliche Güter, und zwar liegen

I. Im Kirchspiele der Stadt Bochum selbst

1. **Brenschede.** Dieses Gut und Haus, eine Stunde weit von der Stadt entlegen, ist ein gräflich styrumsches Erbmannslehn, und wird von der Familie **von Melschede** bewohnt.
2. **Goy.** Eine Viertelstunde von der Stadt. Gehöret der Familie **von Sudhaus**.
3. **Havkenscheid.** Eine Stunde von der Stadt. Gehöret der Familie **von Düngelen zu Dahlhausen**.
4. **Overdieck.** Eine halbe Stunde von der Stadt. Gehöret der Familie **von der Reck**.
5. **Hinterste Steinkuhle.** Dreyviertelstunden von der Stadt. Gehöret der Familie **von der Leithen zu Laer**.
6. **Vorderste Steinkuhle.** Nahe bey dem erstgenannten Guthe. Ehemals machten beide nur ein einziges Haus und Guth aus. Dieses leztere gehöret der Familie **von Vaerst**.
7. **Sypen.** Nahe bey der Steinkuhle. Gehöret der Familie **von der Leithen zu Laer**.
8. **Rechen.** Nahe bey Bochum. Gehöret der Familie **von Scheel**.
9. **Krawinkel** oder **Kramwinkel**, ein Guth wovon das Schloß zerstört ist. Eine halbe Stunde von der Stadt. Gehöret der Familie **von Essellen**, welche auch den Rittersitz Kringeldanz zu Witten hat, aber in Bochum wohnet.

Das gräfliche Schloß Grimberg, zwey Stunden von der Stadt, und das Guth Nosthausen, eine Stunde von hier, haben vormals auch zum Kirchspiele Bochum gehört, sind aber nun davon abgesondert; doch hat das erstere noch sein Erbbegräbniß in der Pfarrkirche.

II. Im Kirchspiele Gelsenkirchen

1. **Gaar** oder **Gohr.** Zwey Stunden von der Stadt. Gehöret der gräflichen Familie **von Seisseld'aix**.

2. Schwar=

der Stadt Bochum. 59

2. **Schwarzemühle.** Zwey und eine halbe Stunde von der Stadt. Gehöret der Familie **von Scheel zu Schellenberg.**

3. **Leithe.** Zwey Stunden von der Stadt. Gehöret der Familie **von Isselstein.**

Vormals waren hier noch die Rittergüter **Balken** und **Dinsingk**; sie sind aber verwüstet.

III. Im Kirchspiele Grimberg

lieget zwey Stunden von der Stadt das Schloß **Grimberg**, welches der reichsgräflichen Familie **von Nesselrode** gehört.

IV. Im Kirchspiele Harpen

lagen ehmals die Häuser **Harpen** und **zur Wiesche**, eine Stunde von der Stadt. Beide sind nun zerstört.

V. Im Kirchspiele Krange

der Rittersitz **Krange**, zwey Stunden von der Stadt. Gehöret der Familie **von Rump.**

VI. Im Kirchspiele Linden

wohnte ehmals ein adeliches Geschlecht **von Linne**, es ist aber jetzt kein Rittersitz mehr da.

VII. Im Kirchspiele Lütgendortmund

1. **Delwig.** Zwey Stunden von der Stadt. Gehöret der Familie **von Droste.**
2. **Holte.** Anderthalb Stunden von der Stadt. Gehöret der Familie **von Droste.**
3. **Marten.** Drey Stunden von der Stadt. Gehöret der Familie **von Syberg.**

Ehmals waren hier noch die Rittersitze **Heide, Königsmühle** und **Lütgendorp**; sie sind aber zerstört.

An der Grenze dieses Kirchspiels befindet sich noch der Rittersitz **Wischelingen.** Er wird zum Amte Bochum gerechnet, hat aber seine eigene Kapelle und gehört der Familie **von Syberg zu Kemnade.**

VIII. Im Kirchspiele Königssteel

wird zwar der Rittersitz **Horst** als liegend gerechnet, er hat aber seine eigene Kapelle, ist zwey Stunden weit von Bochum und gehöret der Familie **von Wendt.**

H 2   IX. Im

60 Vom ehemaligen und jetzigen Zustande

IX. Im Kirchspiele Uemmingen

1. **Laer.** Eine Stunde von der Stadt. Gehöret der Familie **von der Leithen.**
2. **Heven.** Nahe bey vorigem. Gehöret der Familie **von Boenen.**

Es war ehmals noch hieselbst der Rittersitz **Uemmingen**, welcher jetzt in den Schulzenhof daselbst verwandelt ist.

X. Im Kirchspiele Weitmar

1. **Weitmar.** Eine Stunde von der Stadt. Gehöret der Familie **von Berswordt.**
2. **Bärendorp.** Nicht weit vom vorigen. Gehöret jetzt der Familie **von Lamers.**
3. **Rothe-Schür.** Eine halbe Stunde von der Stadt. Gehöret der Familie **von Lamers.**

Ehmals war hier noch das adeliche Schloß **Varenholt**, welches nun ganz zerstört ist.

XI. Im Kirchspiele des Gerichts Castrop

1. **Bladenhorst.** Zwey und eine halbe Stunde von der Stadt. Gehöret der Familie **von Romberg.** Es hat aber dieses Haus seine eigene Kapelle.
2. **Giesenberg.** Zwey Stunden von der Stadt. Gehöret der Familie **von Boenen zu Westerholt.**
3. **Goldschmeding.** Zwey Stunden von der Stadt. Gehöret der Familie **von Scheel.**
4. **Schadeburg.** Zwey Stunden von Stadt. Gehöret der **Pütterschen** Familie.
5. **Vörde.** Zwey Stunden von der Stadt. Gehöret der Familie **von Boenen zu Westerholt.**

Es waren sonst noch in dieser Gegend die Häuser **Alstede, Düngelerhof, Castrop, Kortenburg** und **Merklinne** gelegen. Sie existiren aber nicht mehr.

XII. Im Kirchspiele des Gerichts Eickel

1. **Dahlhausen.** Eine Stunde von der Stadt. Gehöret der Familie **von Düngelen.**

2. Dorne-

der Stadt Bochum.

2. **Dorneburg.** Eben so weit. Gehöret der Familie **von Dobbe.**

3. **Nosthausen.** Eben so weit. Gehöret der Familie **von Kuschinski.**

4. **Horsigen.** Anderthalb Stunden weit von der Stadt. Gehöret der Familie **von Elverfeld.**

Vormals waren noch in dieser Gegend die Häuser **Gosewinkel, Eickel, Bickern, Zurl** und **Lackenbruck.**

XIII. Im Kirchspiele des Gerichts Langendreer

ist das Guth und Haus **Langendreer,** zwey Stunden von Bochum entlegen, welches der Familie **von der Borch** gehört.

Vormals lagen hier noch die Rittersitze **Leithe** und **zur Nieden.**

XIV. Im Freygerichte Strünkede

lieget das Haus **Strünkede,** zwey Stunden weit von Bochum. Es gehöret der Familie **von Palland.**

Vormals waren bey diesem berühmten Schlosse mehrere besondere Burghäuser, welche unter dem Schutz der Herren von Strünkede standen. Auch befand sich hier in dieser Gegend der Rittersitz **Sodingen.**

XV. In der Freyheit Wattenscheid und deren Kirchspiel

1. **Lyren** oder **Lier.** Nahe bey Wattenscheid. Gehöret der Familie **von Dobbe.**

2. **Sevinghausen.** Zwey Stunden von Bochum. Gehöret der Familie **von Wenge.**

Ehmals war hier noch ein Rittersitz **Aschenbrock,** und es ist daselbst noch ein Dörschen dieses Namens vorhanden.

Ich habe es blos bey der Anführung der Namen und Herrschaften dieser Rittergüter bewenden lassen wollen, weil mein Zweck nicht war hier weitläuftig zu seyn. Wer mehreres davon zu wissen verlangt, kann solches im dritten Theile der von Steinenschen Westphälischen Geschichte finden.

H 3 §. 6.

Vom ehemaligen und jetzigen Zustande

§. 6.
Lage der Stadt.

Die Stadt liegt in einer nach allen Seiten meist flachen Ebene, nordwärts des Ruhrstroms. Nach Osten, ohngefähr vier Stunden von hier, ist die Kaiserliche freye Reichsstadt **Dortmund**; nach Westen, ohngefähr drey Stunden von hier, liegt die Reichsstadt **Essen**; südwärts befindet sich **das bergische Land** und nordwärts das West **Recklinghausen und köllnische Land**. Sie macht, die kleinen Städte Wattenscheid und Steel ausgenommen, nach Westen hin, die lezte Stadt der Grafschaft Mark aus. Die Lage der Stadt selbst ist angenehm. Sehr fruchtbare Felder, schöne Wiesen, Gärten, Obstgärten, Weiden, Heiden, kleine Büsche und Wälder, anmuthige Höhen und kräuterreiche Thäler mit kleinen Bächen durchschlängelt, wechseln hin und wieder ab. Eigentliche Felsen und Gebürge giebt es hier nicht, auch keine Flüsse sind in der Nähe, sondern **die Ruhr** fließt etwa anderthalb Stunden von hier, von Süden nach Westen vorbey, und eben so weit an der andern Seite die **Emscher**. Der Boden selbst aber ist überaus fruchtbar, besonders in der Nähe der Stadt. Die vorhergenannten, zum Theil nahe bey der Stadt liegende vielen Dörfer und Rittergüter tragen zur Verschönerung der Stadtgegend vieles bey.

§. 7.
Umfang des Stadtgebiets.

Das Stadtgebiet oder die Feldmark hat ohngefähr drey Stunden im Umfange. Ostwärts, ohngefähr eine halbe Stunde von der Stadt, ist diese Mark von dem Amtsgebiete durch eine sogenannte alte Landwehre abgeschieden. Der gemeine Haufe nennt dieselbe die **Lampher**. Es ist ein langer halbmondförmiger aufgeworfener Graben, an dessen Rande vormals viele Eichen stunden, welche das einzige zur Stadt gehörige Gehölz ausmachten. Es scheinet in alten Zeiten nicht sowol zur Abtheilung, sondern vielmehr zur Vertheidigung dieses Gebiets gemacht zu seyn. Es befinden sich sonst hin und wieder in der Grafschaft Mark mehrere solcher Landwehren, und dieses hat bey einigen den Gedanken erregt, daß dieselben Lagerplätze der Römer oder auch der Hunnen,

viel-

Plan der Stadt Bochum und der zu ihrer Jurisdiktion gehörenden Landstraßen, 1755.

Kolorierte Handzeichnung. Staatsarchiv Münster.

der Stadt Bochum. 63

vielleicht auch wol Grabplätze der alten Germanier und Römer enthalten hätten. Nach Norden erstreckt sich die Mark bis am sogenannten Hemmerbruch hinter der Bulksmühle, eine halbe Stunde von der Stadt; nach Westen ebenfals ohngefähr eine halbe Stunde weit, bis nach dem Rittersitze **Rotheschür** und der Markbrücke, noch 14 Schritte jenseit dieser leztern, und nach Süden hin ist die Grenze die sogenannte **Felsbrücke** und das **Haus Rechen**, theils eine viertel, theils eine halbe, theils Dreyviertelstunden von der Stadt. Nach einem im Jahre 1722 gemachten ohngefähren Anschlage soll damals die ganze Mark, mit Einschluß der Viehweide oder sogenannten Föhde, 1380 Scheffelse betragen haben, wozu noch besonders 30 Malterse oder 120 Scheffelse zu Gärten, imgleichen 40 Malterse Wiesengrund, kamen. Zufolge eines vom Magistrate im Jahre 1789 angefertigten genaueren Berichts ist aber diese Mark überhaupt zu 327 holländischen Morgen angeschlagen worden.

§. 8.
Alter der Stadt.

Daß Bochum ein sehr alter Ort sey, ist gewiß. Schon im Jahr 1041 war derselbe, laut der oben §. 2. angeführten Nachricht, eine **Villa**. Denn der Erzbischof zu Kölln, **Herrmann**, schenkte damals dem Kloster Duitz einige Güter bey der Villa Cobucheim. Einer alter sehr wahrscheinlichen Tradition zufolge soll der Ort anfangs aus 4 Höfen bestanden haben, deren Plätze man noch zeiget, und die jetzt darauf befindlichen Häuser tragen davon noch zum Theil den Namen. Diese waren 1) der **Freyhof**, welcher außerhalb des Bongarthors lieget, wo der Freygraf gewohnet hat und der Freystuhl gewesen ist. 2) Der **Schultheissenhof**, hinter der katholischen Kirche, wo der Schultheiß gewohnt hat. 3) Der **Hellwegshof**, vor dem Hellwegsthor, wo jetzt die Wohnung der **von Essellen**schen Familie ist. 4) Der **Gasthof** oder die Schenke, welcher auf dem alten Markt gestanden, und zu welchem eine nahgelegene Wiese, die **Gastwiese** genannt, welche in der Folge zu den Armengütern gezogen ist, gehört zu haben scheinet. Im Jahre 1229 müssen schon mehrere Häuser hier gewesen seyn, denn in dem

§. 2.

64 Vom ehemaligen und jetzigen Zustande

§. 2. angeführten Verzeichniß der Güter des Stifts Herdicke, welches die Abtissin Hathewig in diesem Jahre verfertigt hatte, werden schon verschiedene Häuser aus Buchem benannt, welche beträchtliche Abgaben an dieses Stift geben mußten. Die eigentliche Zeit, da der Ort eine Stadt geworden ist, ist ungewiß. Um die Mitte des 13ten Jahrhunderts, laut der §. 2. angeführten Transaktion zwischen dem Herzog Heinrich von Limburg und dem Graf Adolph von der Mark, welche aus dem Jahre 1243 datirt ist, war der Ort noch eine Villa. Nun gab aber der Graf Engelbert von der Mark, im Jahre 1321, ein Privilegium, durch welches der Ort nicht so wol zur Stadt erhoben, sondern vielmehr sein altes Stadtrecht, so wie es vormals eingeführt gewesen, erneuert und bestätigt bekommen hat. Folglich muß Bochum schon vorher Stadtgerechtigkeit gehabt haben, und weil dieses Stadtrecht schon alt genennet wird, so ist zu glauben, daß bald nach, oder um die Mitte des 13ten Jahrhunderts die Stadtgerechtigkeit entstanden sey. In der im folgenden §. unter N. 1. mitzutheilenden Urkunde aus dem Jahre 1289, welche noch im Stadtarchiv befindlich ist, siehet man, daß Bochum wenigstens damals schon einen Schultheissen gehabt habe, und die Einwohner desselben Bürger genennet werden. Das Privilegium des Grafen Engelberts, welches ebenfals im folgenden §. unter N. 2. aus einer ächten Kopie (denn das Original davon ist nicht mehr vorhanden) mitgetheilt wird, wurde nachher vom Herzog Johann von Cleve im Jahre 1506 am Sonntag Judica bestätigt. Der Bestätigungsbrief ist aber auch nicht mehr da. Ein anderer Bestätigungsbrief aus dem Jahre 1618, muß vom damaligen Herzoge von Cleve abermals gegeben seyn, weil sich diejenige Resolution, welche unter N. 3. im folgenden §. gleichfals zu lesen ist, noch im Stadtarchiv befindet. Auch in den Jahren 1666 und 1689 muß nochmals das Privilegium erneuert seyn, weil der Bestätigungsbrief vom Könige Friederich Wilhelm I. aus dem Jahre 1713, welcher im Archiv vorhanden ist, und unter N. 4. mitgetheilt wird, sich auf jene Jahre beziehet.

§. 9.

§. 9.
Hieher gehörige Urkunden.

N. 1.

Nos Everhardus Comes de Marcha notum facimus universis presentem Litteram inspecturis quod habito Consilio amicorum & officialium nostrorum contulimus quibusdam Civibus in Buchem, areas & Casas qualescunque attinentes Curie nostre ibidem sub hereditaria pensione quod vulgariter dicitur ervethingsguth perpetuo possidendas tali conditione quod quilibet presentabit pensionem suam statutam sculteto curie nostre ibidem singulis annis Dominica proxima post Festum Martini episcopi scilicet Casa illa que vocatur Domus Cauponis supra forum tres Libras Cere & tres pullos Item Domus alberti supra forum tres Libras Cere & tres pullos Item una Casa juxta domum Alberti supra forum unam Libram Cere & unum pullum Item Casa Ottonis & Alexdis alteram dimidiam Libram Cere & alterum dimidium pullum Item Janua Scraconis quæ ascendit forum dimidiam Libram Cere & dimidium pullum Item Domus pileatoris quatuor Libras Cere & quatuor pullos Item Domus Marsilii quatuor Libras Cere & quatuor pullos. Item Domus Alberti Carnificis quartam dimidiam libram Cere & tot pullos & de uno Macello Item Domus Godofredi dicti Reyme tres libras Cere & tres pullos Item Domus Comitis juxta Ripam tres libras Cere & tres pullos Item Domus Goscalci juxta Ripam & de uno Macello tres libras Cere & tres pullos Item Domus Gerardi præconis alteram dimidiam Libram Cere & tot pullos Item Bertha relicta de Gradu quatuor Libras Cere & quatuor pullos Item Alexander Institor alteram dimidiam Libram Cere & tot pullos Item Gerlacus suus vicinus in foro alteram dimidiam Libram Cere & alterum dimidium pullum Item super Cellario in foro & de sex macellis quatuor Libras Cere & quatuor pullos Item Domus Shepelerschen tertiam dimidiam Libram Cere & tot pullos Item Hildegundis filia pugilis de duobus macellis & de una Casa tertiam dimidiam Libram Cere & tot pullos Item Ludolphus sartor de una Casa alteram dimidiam libram Cere & alterum dimidium pullum

66 Vom ehemaligen und jetzigen Zustande

lum Item Renerus de una Casa alteram dimidiam libram Cere & tot pullos Item Johannes juxta Ripam de duobus Macellis unam Libram Cere & tot pullos Item Gertrudis filia brunonis de uno Macello unam dimidiam libram Cere & dimidium pullum Item adjectum est quod si aliquem eorum decedere vel jus suum vendere aliqua necessitate compulsus contingerit, ille qui sibi succedit dabit sculteto nostro prædicto duodecim denarios pro jure suo & idem scultetus porriget bona prædicta ad manus unius nomine nostro sine aliqua contradictione pro denariis supradictis Item si sæpedictus scultetus super præmissis articulis aliquid eis infringere vel negare conaretur quilibet eorum cum duobus suis collegis qui vulgariter Geltchenote nuncupantur jus suum ut porrectionem sibi legitime factam poterit probare super hoc præstito juramento ut autem hoc factum ratum & inconvulsum permaneat præsentem litteram fecimus sigilli nostri munimine & sigillis Discretorum vivorum Gerhardi plebani in Buchem & Gyselberti dicti speke tunc temporis judicis nostri ibidem firmiter roborari. Datum Anno Domini MCC nonagesimo octavo in nativitate beate Marie virginis.

An dieser Urkunde sind drey seidene Schnüre befestigt, die Siegel aber sind verloren.

N. 2.

In Nomine Domini Amen

Engelbertus Comes de Marcka, universis & singulis, tam posteris quam modernis præsentes litteras visuris & audituris salutem cum notitia subscriptorum, ad devotam & supplicem petitionem & requisitionem dilectorum nostrorum oppidanorum in Bochem, decrevimus ipsis & eorum posteris antiquum Jus Civitatis nostræ in Bochem præsentibus litteris enucleare, innovare & publicare, nostroque sigilli munimine confirmare prout ab antiquis temporibus dinoscitur introductum, habitum & usitatum, cujus quidam juris articuli inferius secundum ordinem continentur, videlicet.

Quili-

Bochums älteste Urkunde: Am 9. September 1298 verpachtet Eberhard II. Graf von der Mark Teile des Reichshofes an einige Bochumer Bürger als Hausstätten und legt den Pachtzins fest.

Stadtarchiv Bochum.

der Stadt Bochum. 67

Quilibet oppidanorum tenetur ſtare juri coram Schulteto noſtro in Bochem qualibet die ter & totius unus alium poteſt de quinque ſolidis cum obolo incuſare, ſimiliter de qualibet Quærimonia ſive Culpa caſualiter accidente præter quærimoniam ſeu Culpam ſe ad mortem hominis extendentem, percuſſiones vero & læſiones cum Effuſione ſanguinis factas infra limites oppidi, ac detractiones & turpiloquia honoris vel vitæ idem Schultetus judicabit cum conſilio oppidanorum & qui reus inventus fuit in aliquo exceſſuum prædictorum cum quindecim ſolidis & tribus obolis judicio civitatis emendabit, alias autem percuſſiones ſine ſanguinis effuſione & tractiones crinium cum quinque ſolidis & obolo emendabit, qui etiam jurgia vel alia verba litigioſa levia contra alium dixerit, dabit pro emenda quatuor denarios & perſolvet & qui hujusmodi emendas facere contradixerit, cogetur ire ad vincula ſupra civitatem & in illis detinebitur donec emendam fecit condecentem, qui autem Cauſa paupertatis dictos exceſſus ad pecuniam emendare nequiverint, cujuscunque ſexus fuerint, portabunt lapides pro emenda. Præterea conſideratio & examinatio omnis Menſuræ & cujuslibet libræ pertinebit jurisdictioni civitatis antedictæ mediantibus oppidanis & qui exceſſerit in modiis & libris, tenebitur cum quindecim ſolidis & tribus obolis emendare. Item qui plenam menſuram Cereviſiæ non dederit ſeptem dabit denarios pro emenda, ſi ipſa mala menſura viſa fuit in civitate & probata, pro qua nullus honeſtus intercedet & quicunque utitur menſura non ſignata ſigno civitatis & probata per Schultetum & oppidanos incurret pœnam trium Solidorum, item quicunque piſtando panem fecit minorem quam eſſe debeat, dabit quatuor denarios ſi incuſatus fuit per Schultetum & oppidanos & ulterius denariatus illius panis pro tribus quadrantibus debet dari; præterea omnis qui braxaverit in Bochem ad vendendum, dabit annis ſingulis quibus braxaverit unum ſolidum in feſto beati Lamberti nemo etiam debet vel licite poteſt emere Cauſa lucri aliquo die fori de quibuscunque venalibus, niſi prius emtum ſit ab univerſitate & omnia venalia quæ in Bochem per ſeptimanam vendun-

J 2 tur,

68 Vom ehemaligen und jetzigen Zustande

tur, vendi debent & dari pro eodem pretio seu valore quo ipso die fori communiter emebantur, contrarium faciens tribus solidis tenebitur emendare. Insuper Schultetus & oppidani sæpe dicti possunt inter se facere constitutiones & inhibitiones omni tempore eisdem competente tenendas sub pœna trium solidorum & infra & easdem cum ipsis placuerit, revocare, item de omnibus Causis quas Schultetus Civitatis sæpe dictæ habet & potest judicare; quilibet oppidanorum prædictorum coram ipso Schulteto & non alibi de suo cooppidano debet facere quærimoniam & monere, omnis etiam in Bochem oppidanus negotiator existens forum frequentans dare tenebitur semel in anno Schulteto Civitatis unum obolum videlicet dominica post nundinas post festum beati Martini ibidem celebratas, contrarium faciens incurret pænam quatuor denariorum civitati solvendorum, sed de omnibus aliis excessibus supra dictis tollet Schultetus noster tertiam partem & duas alias partes tollent oppidani; item quicunque portabit pisces ad vendendum in Bochem potest eos vendere absque exactione Schulteti nostri vel alicujus pecuniæ datione; volumus etiam ut iidem oppidani & cives nostri suis areis sitis infra Bochem & pascuis suis quæ Veiide dicuntur utantur in omni eo jure sicut antiquitus habuerunt; recognoscimus insuper præsenti scripto, si aliquis ipsorum moritur cujuscunque sexus vel juris fuit, quod demonstrator seu expositor hæreditatis illius, si fuerit servilis conditionis, possit tantum eum duobus suum facere juramentum, ubicunque fuit hoc necesse, item recognoscimus quod dicti oppidani ad sectionem proscriptorum quorumque non tenentur sequi ultra metas truncorum pacis qui Foedepähle dicuntur, nisi causa nobis imminere specialiter videatur, propter quod tenentur & adstricti sunt astare judicio in prolatione omnium sententiarum quandocunque fuerint requisiti. Præterea talem & tantum libertatem & pacis custodiam volumus esse in Bochem prout recognoscimus in his scriptis, quod nemo ibidem residentibus vel advenientibus violentiam faciet aliqualem, cui violentiæ si facta fuerit, ipsi oppidani resistere debent pro suo posse & nos ipsis assistere volumus nostro juvamine cum effectu, tanquam

Am 8. Juni 1321 erneuert und verdeutlicht Engelbert II. Graf von der Mark die alten Rechte seines Hofes zu Bochum und bestätigt sie gleichzeitig als Stadtrechte für die Bochumer Bürger.

Stadtarchiv Bochum.

der Stadt Bochum.

cuam nobis esset facta, ubi & quotiescunque fuit opportunum & sanciendum, quod prædicti oppidani nostri habebunt omnia & singula jura & statuta prænarrata, principaliter de jure & antiqua consuetudine dictæ civitatis nostræ & per consequens de jure oppidi, reliquis juribus & consuetudinibus præfatæ civitatis nostræ in hac littera non expressis nobis & nostris hæredibus per omnia reservatis, ut autem præmissa omnia firma maneant & a nostris posteris inconvulsa, præsens scriptum dictis nostris oppidanis dedimus nostro sigillo communitum, Actum & datum Blanckenstenæ in crastino festi pentecostes Anno Dominicæ incarnationis MCC vicesimo primo.

N. 3.

Uff Supplik und Pitt Burgemeister und Rhaett der Stadt Vondumb, darin sie umb Confirmation dero Privilegien angehalten ist der Bescheidt, wannehr der Durchleuchtig Hochgeborner Unser Gn. Fürst und Herr Herzog zu Cleve, Gülich und Bergh etc. etc. andern Stetten in der Graffschaft Mark dero Privilegien bestettiget, soll denen von Vondum auch widerfahren waß sich gebühret. Sign. Cleve den VIten Junii Anno 1618.

Vt. Lennep.

N. 4.

Wir Friderich Wilhelm von Gottes Gnaden, König in Preussen, Margaraf zu Brandenburg, des heil. Röm. Reichs Erzkämmerer und Churfürst etc. etc.

Thun kund und bekennen hiemit vor uns, unsre Erben und Nachkommen Könige in Preussen, Churfürsten zu Brandenburg, Herzogen zu Cleve und Grafen von der Mark; Als uns unsre liebe getreue Bürgermeistere, Rath und Bürger unserer (Stadt ist im Original ausgelassen) Bochum, gewöhnliche Huldigung gethan, daß Wir ihnen die daselbst Bürger seyn oder hernach zu Bürgern werden angenommen werden alle ihre Privilegia, Freyheiten, Rechte und Gnaden, welche ihnen unsre löbliche Vorfahren Grafen und Herzogen zu Cleve und Grafen von der Marck verliehen, gegeben, verbriefet und sie bisher gebraucht haben, Ihnen auch in den Reversalen und Landtagsabschieden bestätigt

Vom ehemaligen und jetzigen Zustande

und nachgehends von unsers in Gott ruhenden Herrn Großvatern Churfürstl. Durchl. sub dato den 25ten Oct. 1666 und von unsers Herren und Vatern Majestät den 2/12 Oct. 1689 erneuert und befestiget worden, allergnädigst confirmiret und bestätiget haben; thun auch solches hiemit und Kraft dieses und sollen sie dagegen von Unserer Regierung, Hofgericht, Räthen, Beamten und Bedienten, jetzigen und künftigen bey denen uns geleisteten Pflichten im geringsten nicht beschwert werden. Welches Wir ihnen in Kraft dieses Briefes in der allerbesten Form vor Uns, Unsre Erben und Nachkommen, Könige in Preussen und Herzogen zu Cleve bey Königlichen Würden und gutem Glauben festiglich zu halten, auch sie dabey zu schützen und Handzuhaben allergnädigst versprechen.

Urkundlich haben Wir dieses eigenhändig unterschrieben und mit Unserm angehängten Insigel bekräftigen lassen.

So geben und geschehen in Unserer Residenz Berlin den 25ten Oct. 1713. Unserer Regierung im ersten Jahr.

Friderich Wilhelm.

Confirmatio privilegiorum
   vor die Stadt Bochum.

M. L. von Prinzen.

§. 10.
Alte und neuere Herren dieser Stadt und Gegend.

Daß in den ältesten Zeiten in dem hiesigen Lande Brukterer, Chamavier und Angrivarier gewohnt haben müssen, auch daß in der Folge die Sachsen, von welchen die Westphälinger abstammen, sich dieser Länder bemächtigt haben, ist aus vielen Nachrichten und Umständen erweislich. Wer aber anfänglich die eigentliche Gegend um Bochum beherrscht habe, ist ungewiß. Nach einer uralten, auf Baumrinde geschriebenen Nachricht, wovon Johann von der Berswordt im Westph. adelichen Stammbuche versichert, daß sie zu seiner Zeit im Archiv der Abtey zu Essen sich befunden habe, soll vor und zur Zeit Karls des Großen, einer, Tabo von Eckel genannt, Herr eines Distrikts von 30 Meilen dieser Gegend, und noch ein Grabmal von ihm in dem Dorfe Eickel mit der Aufschrift: Hie liegt begraben Tabo von Eckel der Heide,

zu

der Stadt Bochum. 71

zu sehen, gewesen seyn. Noch jetzt zeigt man den Ort daselbst wo dieser Tabo begraben worden ist, obgleich kein Grabstein mehr sich findet. Dieser wäre also der erste Herr von Bochum, oder wenigstens der hiesigen Gegend, gewesen. Nach andern Nachrichten waren besonders der Graf **Cobbo** und die von ihm abstammende gräfliche Familie **von Cobbenheim** die ältesten bekannten Besitzer Bochums. Schon im 3ten §. habe ich derselben und des alten Schlosses erwehnet, wo sie gewohnt haben. Wenn, wie ich nicht zweifele, dieser **Cobbo** eben derselbe seyn sollte, von welchem die Grafen von Tecklenburg abstammen, so hätte er zu den Zeiten **Karls des Großen** ebenfals gelebt, und er wäre eben derjenige gewesen, dem gedachter Kaiser die Erbvogtey über die Bißthümer Münster und Oßnabrück anvertraut hatte, weil er nebst seinen Unterthanen schon zu dieser Zeit Christen gewesen sind. Er bließ bey Ebbecksdorf in einer Schlacht gegen die Normänner im Jahre 874. Man sehe hievon **Gerh. Arn. Rumps Historie der Grafschaft Tecklenburg**, wovon **von Steinen** im 4ten Theil seiner **Westphäl. Gesch.** einen Auszug geliefert hat. Der lezte von dem gräflich Cobbenheimischen Geschlechte welcher Bochum beherrschte, hieß **Hermann der Zweyte**, mit dem Zunamen Edelingus oder der Edle. Er wurde Erzbischof zu Kölln, und brachte sein Gebiet an dieses Erzstift, schenkte aber, wie die §. 2. schon angeführte Nachricht beweiset, im Jahre 1041 einige Güter, welche bey seiner **Villa Cobucheim** lagen, dem Kloster Duitz. Diese Güter, welche zwey Stunden von hier, meist im Amte Blankenstein liegen, besitzet die gedachte Abtey Duitz noch jetzt. Das Erzstift Kölln hatte die Grafschaft **Buichem** nebst der **Villa Cobbonis** lange Zeit. Ohngefähr im Anfange des 13ten Jahrhunderts gab der damalige Köllnische Erzbischof **Adolph**, ein gebohrner Graf von Altena und Sohn **Eberhards des Ersten**, seinem Bruder **Evert** (andre nennen ihn **Arnold**) die Halbscheid dieses Ländchens zu Lehn, und schenkte ihm dabey das neuerbaute Schloß **Isenburg** bey Hattingen. Weil aber dem nachherigen Grafen **Friederich von Isenburg** die Ermordung des damaligen Erzbischofs **Engelbert**, im Jahre 1225, Schuld gegeben und er darum in die Acht erklärt, auch zu Kölln schmählich hingerichtet wurde, so zog Engelberts Nachfolger, der Erzbischof

Hen=

Henrich von Mollenarck, dieses Lehn wieder ein. Der folgende Erzbischof, Conrad von Hochsteden, gab aber im Jahre 1243 das Eingezogene an den Grafen Adolph III. von der Mark, welcher sich deshalben mit den hinterlassenen Kindern des unglücklichen Grafens Friderich von Isenburg verglich. Der Vergleich ist im 13. Theile der von Steinenschen Westph. Gesch. Seite 1435 zu lesen. Es geschieht in demselben ausdrücklich der Grafschaft, des Gerichts und des Hofes Cobuchem, wie auch des Patronatrechtes der Kirche daselbst, Erwehnung. Gedachter Graf Adolph, so wie dessen Nachfolger, behielten nunmehr die Halbscheid des Cobuchemschen oder Bochumschen Ländchens ruhig im Besitz; die andre Halbscheid desselben gehörte noch immer dem Erzstifte Kölln. Im Jahre 1392 wurde aber auch diese, vom Erzbischofe Friderich von Sarwerden an den Grafen von Cleve und Mark Adolph V. und dessen Gemahlin Margaretha, einer Tochter des Grafens Gerhard von Gülich und Berge, theils für Geld, theils für andre Güter vertauscht. Dieses geschah am 2ten May des gedachten Jahrs in dem Friedensschlusse zu Hamm, nachdem Graf Adolph und dessen Bundsgenossen, mit gedachtem Erzbischofe Friderich und dessen Bundsgenossen, eine zeitlang schwere Kriege geführt hatten. Die Besonderheiten dieses Krieges hat von Steinen im ersten Theile der Westph. Gesch. im 12ten Kapitel der Geschichte der Grafen von Altena und Mark, aus glaubhaften Nachrichten beschrieben, und so weit solches hieher gehört, giebt er von dem Friedensschlusse folgende Nachricht:

„Endlich als beide Partheyen abgemattet waren, und sonderlich
„der Erzbischof sahe, daß er bey diesem Kriege keinen Vortheil
„habe, haben sie im Jahr 1392 den 2ten May zum Hamm un-
„ter diesen Bedingungen Friede gemacht, daß erstlich der Erzbi-
„schof zu Kölln, Lyn vor 70000 rheinische Gulden; die Clevischen
„aber Orsoi, Aspel und Rees, die Halbscheid des Gerichts
„Robucheim, den Flecken Schwelm und das Dorf Hagen vor
„57000 rheinische Gulden erblich haben sollten."

Diese Uebertragung des Gebiets Bochum meldet auch Gelenius in Vit. Engelb. lib. II. cap. V. Er nennet aber den Ort, statt seines rechten

Namens

der Stadt Bochum.

Namens Bechem; seine Worte sind: Aspelen, Rees, Bechem, Schwelm & Hagen in fiduciam & antechresin dicuntur concessa, donec 57000 Florenorum & Archiepiscopo coloniensi marcanis comitatibus refundantur. Seit dieser Zeit ist die Stadt Bochum mit der ganzen Gegend ein beständiges Eigenthum derjenigen Herren gewesen, welche die Grafschaft besessen haben. Doch haben die Besitzer zuweilen das Amt Bochum im Nothfall verpfändet, wie denn Tönnis Dücker im Jahre 1426 vom Herzog von Cleve eine Pfandverschreibung auf dasselbe bekommen hatte. Jetzt gehöret der Ort dem Könige von Preußen, als Grafen von der Mark.

§. 11.
Größe der Stadt.

Die Quadratfläche der Stadt, nach holländischen Morgen berechnet, ist zufolge eines im Jahr 1789 vom Magistrate gemachten Anschlages, 5 Morgen und 238 Ruthen. Sie war ehmals mit Wällen und Graben umgeben, wegen Geldmangel sind solche aber nunmehr fast gänzlich zerfallen, und seit langer Zeit nicht ausgebessert worden. Die Stadt selbst ist sehr unregelmäßig gebaut; jedoch sind die Straßen für eine kleine Stadt breit genug, und überall, den Marktplatz und die kleinen Gassen ausgenommen, mit großen Steinen gepflastert. Im Jahre 1722 wurden, nebst den vor den Thoren liegenden Häusern, 350 Häuser gezählt, wovon 135 mit Stroh gedeckt waren. Es waren damals noch 48 besondere Scheunen, 9 derselben mit Stroh gedeckt, vorhanden. Jetzt sind alle Häuser bis auf etwa ein Dutzend kleiner Hütten mit Ziegel gedeckt. Auch zählet man nunmehr 402 Häuser, worunter jedoch 47 Packhäuser und Scheunen gerechnet sind. Dreyhundert und fünf und dreyßig Häuser sind gegenwärtig bewohnt; in 29 derselben wohnen Militairpersonen. Auch sind noch 31 Brauhäuser und 22 Brandtweinbrennerhäuser da. Ob gleich seit dem Jahre 1763 bis 1788 54 Häuser wiederhergestellt sind, so befinden sich doch jetzt noch daselbst 14 wüste Stellen.

Vom ehemaligen und jetzigen Zustande

§. 12.
Thore.

Die Stadt hat fünf Thore, nemlich

1. Das **Butenbergs- oder Butmersthor**, welches nach Südosten liegt.
2. Das **Bongartsthor**, welches westwärts liegt.
3. Das **Brückthor**, welches nordwestwärts liegt.
4. Das **Beckthor oder Bachthor**, welches ostwärts liegt.
5. Das **Helwegsthor**, welches südwestwärts liegt.

Aus der Stadt führet noch, vom sogenannten Weilenbring, ein schmaler offener Weg zur Stadtsbleiche hin.

Uebrigens ist noch an jedem Thore eine besondere Wohnung für den Pförtner oder Thorschreiber befindlich. Die Thore pflegen des Winters um 9 Uhr, und des Sommers um 10 Abends geschlossen und mit Tagesanbruch wieder geöffnet zu werden. Die Zeit der Erbauung derselben ist unbekannt, es sind aber dieselben wegen ihrer Baufälligkeit im Jahre 1743 ausgebessert, und nunmehr vor einigen Jahren verkleinert und der unnütze Platz an die dabey wohnenden Bürger, zum Besten der Kämmerey verkauft worden.

§. 13.
Straßen.

Die Straßen sind:

1. Die **Hauptstraße**, welche vom Butenbergs- bis zum Bongartsthor führet und die Landstraße von Dortmund nach Essen ist. Sie ist ohngefähr 470 gewöhnliche Spatzierschritte lang, und hat durchgängig gute Häuser. Obgleich sie in einer ungraden Linie fortläuft, so wird sie doch in 4 Straßen wieder unterschieden, nemlich 1) in die **Butenbergsstraße**, welche an dem sobenannten Thore anfängt und bis zum Anfange der von der Hauptstraße seitwärts ausgehenden Hellwegsstraße sich erstreckt, wo alsdenn 2) die **Königsstraße** anfängt, welche am Rathhause aufhört und daselbst 3) zur **obern Marktstraße** wird, welche sich da endigt wo die Eulenstraße von der Hauptstraße seitwärts abgeht und 4) die **Bongartsstraße** anfängt, die am Bongartsthor ihr Ende hat.

Aus

der Stadt Bochum. 75

Aus der Butenbergsstraße geht

2) gegen Nordost die **Wölenbrings = oder Weilenbringsstraße**. Diese hat meist schlechte Häuser, führt längst dem reformirten Kirchhofe, krümmt sich dann links und hat ihr Ende an dem Rentheyhause. Sie ist ohngefähr 300 Schritte lang. Die rechts liegenden Häuser verschließen gleichsam an dieser Seite die Stadt, und es bleibt nur ein schmaler Ausweg nach der Bleiche. Diese Straße und ganze Gegend derselben hat den Namen von dem daselbstliegenden Wölenbringshofe, welches eines der ältesten Güter dieser Stadt ist.

Von eben der Butenbergsstraße führet südwestwärts

3) die **Hellwegsstraße**. Sie endigt sich am Hellwegsthor, ist nur 60 Schritte lang und hat wenige aber gute Häuser. Diese Straße führt ins Bergische.

Etwa 20 Schritte unterhalb dieser Straße wird die Butenbergsstraße zur Königsstraße, und es geht von derselben nordwestwärts heraus

4) die **Schützenbahn**. Sie ist 120 Schritte lang, hat meist schlechte Häuser und endigt sich am Graben bey dem hintern Theil des lutherischen Kirchhofes.

Von der Königsstraße, grade im Mittelpunkte der Stadt, geht ostwärts

5) die **Rosenstraße** heraus, welche 100 Schritte lang ist, lauter gute Häuser hat und bis zum katholischen Kirchhofe sich erstreckt.

Aus dieser Straße geht nach Westen, längst dem gedachten Kirchhofe,

6) die **untere Marktstraße**. Sie ist 100 Schritte lang. Nordwärts stößt an derselben der Kirchhof, und es befinden sich hieselbst die Schulgebäude; südwärts aber ist der offene Markt und an dieser Seite sind nur 3 Häuser.

7) Der Markt macht ein regelmäßiges längliches Viereck aus. Er ist sowol an der Nordseite, wo er in die untere Marktstraße, als an der Südseite, wo er in die obere Marktstraße gehet, offen; nach der östlichen und westlichen Seite aber mit guten Häusern bebaut. Er ist 78 Schritte lang und 20 Schritte breit. An demselben befindet

K 2 sich

76 Vom ehemaligen und jetzigen Zustande

sich das Rathhaus, und auf dem Markt ist für Diebe ein steinerner Pranger und hölzerner Schandpfahl.

Wo die obere Marktstraße aufhört und zur Bongartsstraße wird, geht aus derselben

8) nach Norden hin die **Eulenstraße**. Sie ist 100 Schritte lang und hat gute Häuser. Wo sie aufhört fangen zwey andere Straßen an, nemlich

9) nordwestwärts die **Brückstraße**. Diese ist 160 Schritte lang, hat gute Häuser, welche in grader Linie gebaut sind, und endigt sich am Brückthore. Sie macht die Landstraße ins Köllnische. Ferner

10) die **Beckstraße**, welche am sobenannten Thore sich endigt, 140 Schritte lang ist, und nach Castrop, Harpen und Lütgendortmund führet. Sie hat den Namen von dem am Ende dieser Straße fließenden Bache bekommen. Sie enthält theils schlechte theils gute Häuser, auch befindet sich am Ende derselben, nahe beym Thor, jetzo das Posthaus. Längst dieser Straße ist noch eine Nebenstraße welche gleichfals zum Beckthore führt.

11) Es liegt zwischen dieser Beckstraße und der obengedachten Brückstraße, der **alte Markt**; ein geräumiger aber schmutziger Platz. Er hat den Namen, weil in den ältern Zeiten hieselbst der Krammarkt gehalten ist. Hinter demselben ist der **Katzenhagen**; dieses ist keine regelmäßige Straße, sondern es besteht derselbe aus zerstreutliegenden schlechten Häusern. Es hat ehmals die Hauptstraße hiedurch vom Brückthore nach dem Beckthore geführt. Ueberhaupt ist es gewiß, daß in dieser Gegend die älteste bebauete Straße gewesen sey; aus dem §. 9. N. 1. befindlichen Briefe gehet solches hervor. Die Häuser und Plätze welche vom Grafen Everhard, damals im Jahre 1298, gegen Erlegung einiger Abgaben von Wachs und jungen Hühnern, welche auch noch jetzt an die königliche Renthey bezahlt werden müssen, einigen Bürgern von Bochum übertragen wurden, sind fast alle an diesem Orte gelegen. Beym nachgraben findet man hier auch tief in der Erde noch einen alten Holzweg. Daß die ehmaligen Grafen auch in dieser Gegend noch ein kleines Schloß gehabt haben, läßt sich daher schließen, weil im gedachten Briefe noch ein Domus Comitis mit genannt wird, welches,

so

Das Rathaus am Marktplatz mit steinernem Pranger und hölzernem Schandpfahl.

Ausschnitt aus dem Kortumschen Stadtplan von 1790.

Die Rentei, Sitz der landesherrlichen Verwaltung des Amtes Bochum.

Ausschnitt aus dem Kortumschen Stadtplan von 1790.

der Stadt Bochum. 77

so wie die meisten andern Häuser, neben dem Bachufer und bey dem Markte gelegen. Es fließt aber hieselbst ein Bach, und der Markt ist ehmals, wie gesagt, hier gewesen. Auch die unregelmäßige Lage der hiesigen Häuser, imgleichen das daselbst jetzt befindliche Gasthaus und das Haus des Henkers, dessen im angeführten Briefe ebenfals erwehnet wird, geben den Beweis des Alterthums dieses sogenannten Katzenhagens, und daß solcher die erste und älteste Straße der Stadt sey.

Von der Brückstraße, ohngefähr in der Mitte derselben, geht

12) eine Straße nach der Bongartsstraße hin. Weil sie auf einer Anhöhe liegt, so wird sie der **Spitzberg** genannt. Sie ist enge und hat, die Wohnung des lutherischen Frühpredigers und Rektoris der lateinischen Schule ausgenommen, lauter schlechte und kleine Häuser.

Noch eine Straße erstreckt sich

13) von der Bongartsstraße, nicht weit vom Thore nach dem Graben hin. Sie ist enge und hat wenige und schlechte Häuser.

14) Der **Graben** ist eine unregelmäßige sehr lange Straße, welche am Butenbergsthore anfängt und um die Stadt herum, längst dem Hellwegsthor bis zum Bongartsthor sich erstreckt, und gleichsam von dieser Seite die Stadt einschließt. Die Häuser daselbst sind unansehnlich und klein. Hinter derselben ist noch der alte zum Theil mit Wasser und Schlamm gefüllte Stadtgraben, und davon hat diese Straße, welche eigentlich den Wall ausmacht, den Namen bekommen.

Außer diesen benannten Straßen sind noch hier und da kleine mit Häusern bebaute Nebengassen; am und auf dem katholischen Kirchhofe sind auch noch einige Häuser befindlich. Auch liegen viele Häuser außerhalb den Stadtthoren, diese machen gleichsam kleine Vorstädte aus, und werden deswegen mit zur Stadt gerechnet. Besonders befinden sich vor dem Hellwegsthore, nebst dem schönen Hause und Guthe der **von Esselenischen Familie**, zwey ordentliche ziemlich

K 3   lan-

lange Straßen, wovon die links liegende der große= und die rechts liegende der kleine Hellweg genannt wird. Jener führt nach Wimelhausen, und dieser nach Hattingen und weiter ins Bergische. Die Häuser auf diesen Hellwegen sind theils gut, theils schlecht. Auf dem kleinen Hellwege stunden in ältern Zeiten zwey Kapellen, eine war dem Erzengel Michael, und die andere dem Sakrament geweihet. Es geschahen dahin von fernen Landen große Wallfahrten; ein daselbst befindlicher Brunn wird noch jetzt der Pilgrimspütt genannt, weil sein Wasser Wunder that, und besonders nach dem damaligen Wahn, die Weiber fruchtbar machte; auch eine kleine Straße hieselbst, durch welche die Procession zog, heißt noch der **Brüderweg**.

§. 14.
Oeffentliche weltliche Gebäude.

Von öffentlichen weltlichen Gebäuden befinden sich in der Stadt 1) das **Rathhaus**, 2) das **Rentheyhaus**, 3) das **Gasthaus**.

1) Das **Rathhaus** liegt an der Königsstraße, von da eine hölzerne Treppe auf dasselbe führt. Es macht den südlichen Eck des Marktes aus, ist 15 Schritte lang und eben so breit, von schlechter Bauart, und theils hölzern, theils steinern. Es ist im Jahre 1696 neu erbauet, und weil es sehr zerfallen war, im Jahre 1789 etwas ausgebessert worden. Es besteht inwendig aus einem Vorzimmer und drey andern Zimmern. In dem einen, welches nach der Königsstraße die Aussicht hat, und von allen das größte ist, pflegt der Rath sich zu versammlen, auch wird das Stadtgericht auf demselben gehalten, und das Stadtarchiv befindet sich da. Die beiden andern Zimmer sind seit dem Jahre 1755 zu den Versammlungen und Verhandlungen des Landgerichts bestimmt, welches auch auf dem größten von diesen beiden Zimmern die Registratur und Schreibbänke der Advokaten hat. Das zweyte Stockwerk des Rathhauses ist inwendig nicht ausgebaut, und macht also ein großes Zimmer aus,

wel=

welches zur Versamnlung großer Gesellschaften, und wenn etwas Sehenswürdiges gezeigt werden soll, gegen Erlegung einer kleinen Abgabe an die Kämmerey, erlaubt wird; wie denn vor einigen Jahren eine Zeitlang, von einem Trupp Schauspieler, hieselbst ein Theater errichtet war.

Unten nach der Marktseite hin ist eine Halle von fünf steinern Pfeilern, auf welchen ohngefähr ein Drittheil des Rathhauses ruhet. In derselben sind Bänke, und es versammlen sich da an Markttagen die Verkäufer und Käufer. Den übrigen Theil des untern Stockwerks des Rathhauses macht das Accise-Comtoir und die Stadtwaage aus; hinter denselben ist die Wachtstube, wo die Nachtwächter des Nachts ihren Aufenthalt haben. Es wird diese Stube zugleich zu einem Civilgefängniß gebraucht; hinter derselben aber ist ein besonderes festes Gefängniß für Verbrecher.

Bey dem Rathhause ist noch das Sprützenhaus, wo die Brandsprützen verwahret werden.

2). Das Rentheyhaus ist, ein gutes Gebäude, auf dem katholischen Kirchhofe, am Ende der Rosenstraße wo diese mit dem Ende des Wölenbrings zusammenstößt, gelegen. Rundherum ist es mit einer hohen und festen Mauer eingeschlossen, ausgenommen an der Nordseite, wo es frey auf dem Kirchhofe steht. Die Mauer enthält außer dem Hause selbst, einen geräumigen Vorhof mit Nebengebäuden und einem Garten. Auf den Vorhof führt von der Rosenstraße ein großes Flügelthor und vor dem Vorhofe eine steinerne Treppe nach der Vorderthür des Hauses. Das Gebäude selbst ist ganz von Steinen mit einem italiänischen Dache und sechs Kaminen versehen. Es ist so hoch, daß es über alle andre Häuser in der Stadt hervorragt. Es hat zwey Stockwerke und viele geräumige schöne Zimmer. Unten sind, nebst drey guten gewölbten Kellern, zwey feste Gefängnisse für grobe Verbrecher. Das eine heißt die Verhörstube, das andre die Armensünderstube. Beide Gefängnisse werden seit der Einführung des Criminalgerichts zu Altena, nicht mehr gebraucht.

Die

Von der Stadt Bochum.

Die Zeit der eigentlichen Erbauung dieses Hauses ist unbekannt, doch zeiget eine mit großen eisernen Nägeln am Thore gemachte Zahl das Jahr 1688 in welchem es erneuert worden ist, weil es im Jahre 1689 durch einen Brand großen Schaden bekommen hatte. Ueber dem Thore befinden sich auch zwey in Stein ausgehauene alte und schadhafte Schilde, wovon eines das Wapen des Herzogthums Cleve, und das andre das Wapen der Grafschaft Mark vorstellt. Sie scheinen aus derjenigen Zeit herzurühren, da die Grafschaft Mark zuerst an die Herzoge von Cleve gekommen ist.

In alten Zeiten war an dem Orte, da dieses Gebäude steht, ein gräfliches Schloß, und aus der jetzigen Lage desselben, so wie aus der gemeinschaftlichen Mauer und dem sonstigen Zusammenhange, welche der Garten und Vorhof mit dem nahe dabeyliegenden Schultheissenhof hat, ist zu schließen, daß dieser leztere ehmals mit zu dem Schlosse gehört habe und die beständige Wohnung des Justitzpflegers gewesen sey; auch scheinet die katholische Kirche mit in den Ringmauern des Schlosses gelegen zu haben. Die Zeit da dieses alte gräfliche Schloß, welches gewiß vormals weit größer gewesen seyn muß, zerstört worden ist, ist unbekannt. Es finden sich noch nahe dabey in der Erde hin und wieder alte und feste Mauern, welche ehmals ohne Zweifel mit zum Schlosse gehört haben. Nunmehr ist hier, wie gesagt, das Reutheyhaus, welches von dem Herrn Inspektor Schröder bewohnt wird.

3) Das Gasthaus ist ein kleines, am alten Markte gelegenes Haus, bestimmt Nothleidende, ohne Unterscheid der Religion, aufzunehmen. Der Magistrat und Armenverseher haben darüber die Aufsicht. Die Zeit der Stiftung ist unbekannt. Schon im 13ten Jahrhunderte war es da, das Gebäude muß aber größer gewesen seyn, und beträchtliche Einkünfte gehabt haben. Die jetzigen Einkünfte sind geringe, jedoch werden nunmehr die ehmals dabey gewesenen Stücke nachgesucht und die Einkünfte wieder verbessert.

(Die Fortsetzung folgt.)

Westphä=

Das sog. "Gasthaus", gelegen am Alten Markt, war eine 1438 gestiftete Einrichtung für Arme und Kranke. Der Alte Markt war die Keimzelle der Stadt Bochum. Dort lagen jene Hausstätten, die Eberhard II. von der Mark in der Urkunde von 1298 verpachtete.

Ausschnitt aus dem Kortumschen Stadtplan von 1790.

Fortsetzung der Nachricht vom ehemaligen und jetzigen Zustande der Stadt Bochum.

§. 15.
Geistliche Gebäude.

Die öffentlichen geistlichen Gebäude in der Stadt sind: 1. Die katholische Kirche. 2. Die lutherische evangelische Kirche. 3. Die reformirte Kirche. 4. Die drey deutschen Schulen. 5. Die zwey lateinischen Schulen. 6. Die Pfarrwohnungen.

1. Die römisch-katholische Kirche befindet sich am südöstlichen Theile der Stadt auf einem merklich erhabenen Platze, welcher den Kirchhof ausmacht, rundumher mit einer Mauer umzogen ist, und einen weiten Umkreis hat. Von diesem Kirchhofe, welcher grade dem Markte gegenüber liegt, führt eine steinerne Treppe nach dem Markte hin, eine andere steinerne Treppe führt nach der Beckstraße und noch eine andere nach dem Schultheissenhofe. Der Hauptaufgang auf den Kirchhof, von der Rosenstraße her, hat keine Treppen, sondern er ist auf einer kleinen Anhöhe. Durch diesen Weg werden die Leichen herausgebracht.

Die Kirche selbst ist von den drey hieselbst befindlichen die größte und schönste, und macht die eigentliche Haupt- oder Pfarrkirche aus. An der Westseite derselben steht ein sehr hoher und prächtiger Thurm von gehauenen Steinen aufgeführt. Die Bauart ist alt, nimmt sich aber doch schön aus. Wo das Mauerwerk aufhört, und die Schieferspitze anfängt, ist an jedem von den vier Ecken ein kleiner mit Schiefern gedeckter Thurm angebracht, welche dem großen Thurme ein schönes Ansehen geben, und ein Zeichen der 4 zu dieser Kirche ehmals gehörigen Filiale, Weitmar, Uemmingen, Eickel und Stiepel, seyn sollen. Es befinden sich in diesem Thurme drey große und schöne Glocken, welche vor 12 Jahren umgegossen worden, nebst einer kleinen Glocke, womit zur Messe geläutet wird. Es ist auch eine Schlaguhr da, welche nebst den Stunden auch die Viertel auf einer andern auswärts des Thurms hangenden Glocke angiebt, und auf dreyen am Thurme befindlichen

lichen Zeigern die Zeit anzeigt. Diese Schlaguhr wurde im Jahre 1789, nach Abschaffung der alten, angeschaffet. Auf der Kirche selbst ist noch ein kleiner Thurm; worin eine Glocke ist, mit welcher bey gewissen gottesdienstlichen Gebräuchen der Katholischen, besonders wenn Kranke mit den Sakramenten bedient werden sollen, geläutet wird.

An der südlichen Seite der Kirche ist die lateinische Schule, für die katholische Jugend, angebauet; an der nördlichen Seite aber ein Behältniß für Todtenbeine

Die heiligen Petrus und Paulus sind die sogenannten Schutzpatronen dieser Kirche. Ihre Bildnisse, aus Stein gehauen, stunden ehmals über den Eingang des Thurms, sind aber durch die Länge der Zeit ganz zerfallen. Außer dem Haupteingange zur Kirche durch den Thurm, befinden sich noch zwey Eingänge in die Kirche; einer von Süden, der andre von Norden. Das Chor der Kirche ist, wie an den meisten andern Kirchen, östlich gelegen.

Die wahre Zeit der Erbauung der Kirche und des Thurms habe ich bey aller angewandten Mühe nicht erfahren können. Wenn die Sage wahr seyn sollte, daß die Kirche zu **Stiepel** in ältern Zeiten ein Filial der Bochumschen Pfarrkirche gewesen wäre, so müßte die letztere schon im Jahre 1008 da gewesen seyn, weil in diesem Jahre die Gräfin **Imma von Stiepel**, die gedachte stiepelsche Kirche gestiftet hat. Noch im Jahre 1631 maßte sich, zufolge einer Nachricht welche mir mitgetheilt worden ist, der Pfarrer in Bochum die Collation und Investitur der Pfarre zu Stiepel an, es wurde ihm solches aber von dem dasigen Gerichtsherren streitig gemacht. Gewiß ist es, daß schon im Jahre 1243 eine Kirche zu Bochum existirt habe, weil dem Grafen Adolph in dem Vergleich mit den Kindern des Grafen Friederichs von Isenburg, wie ich §. 10. angeführt habe, das Patronatrecht der Kirche zu Bochum zugestanden worden ist. In einer andern alten Urkunde, nemlich in dem Marktprivilegium welches Graf Engelbert im Jahre 1320 der Stadt Bochum gegeben hat, und nachher von mir mitgetheilt werden soll, wird unteranderm ein Pastor der Kirche zu Bochum, **Hunoldus**, als Zeuge aufgeführt. Weil diese Kirche nahe bey dem ehmaligen gräflichen Schlosse oder jetzigen Rentheyhause liegt, so ist zu glau=

der Stadt Bochum. 107

glauben, daß sie anfangs eine Schloßkapelle der uralten Grafen von Zuichem gewesen und in der Folge vergrößert worden sey. Ueber dem Thore des Thurms sind noch Spuren von großen in Stein eingehauenen sehr alten Buchstaben, welche ohne Zweifel die Jahrszahl der Erbauung hätten angeben können, es ist aber nicht mehr möglich solche zu lesen. Nachrichten davon sind auch weder im Kirchenarchive, noch sonst irgendwo meines Wissens vorhanden. Eine inwendig in der Kirche über dem Chor befindliche Aufschrift zeiget, daß die Kirche im Jahre 1517 und abermals 1718 renovirt worden sey. Eine abermalige Ausbesserung derselben und des Thurms, ist im Jahre 1787 geschehen. Es müssen ohne Zweifel viele Briefschaften aus dem Kirchenarchive verlohren seyn, weil die ältesten welche sich darin finden nur aus dem vierzehnten Jahrhunderte sind. Die Unruhen zur Zeit der Reformation, da bald die Evangelischlutherischen, bald die Reformirten, bald die Römischkatholischen diese Kirche in Besitz hatten, mögen wol an dem Verlust dieser alten Nachrichten Schuld seyn. Auch die auf dem Kirchhofe befindlichen Grabsteine zeigen keine ältere lesbare Aufschriften, als aus dem Anfange des 16ten Jahrhunderts.

Die Kirche ist inwendig sehr gut ausgebaut und geschmückt. Oben am Gewölbe findet man auf Kalk gemahlt mancherley Geschichten des alten und neuen Testaments; diese Mahlerey ist aber schlecht. Die Orgel ist sehr gut, und zufolge einer daran befindlichen Jahrszahl im Jahre 1661 gebaut. Die Kanzel, an welcher die 4 Evangelisten ziemlich schön geschnitzt sind, scheinet sehr alt zu seyn. Der hohe Altar, an den Seiten mit den schön geschnitzten Bildern, Peters und Pauls, hat durchaus trefliche Bildhauerarbeit und gute Vergoldung mit Mahlerey. Besonders schön ist das Altarblatt, welches Christum zwischen beiden Schächern vorstellt. Hinter diesem hohen Altare ist ein geschnitztes Wappenbild mit der Beyschrift: Clar. Doctiss. D. Joes Schilling. I. V. D. Cancellarius Hildes. me illuminari fecit 1693. Dieser Schilling hat also damals den Altar mahlen und auszieren lassen. Der Werkmeister, welcher ihn vermuthlich gebaut hat, hat ebenfals hinter dem Altar in einem Brette geschnitten 1679 M. W H B me fecit. Erstgedachter Schilling hat auch in dieser Kirche eine schöne silberne,

stark

stark vergoldete und mit Steinen gezierte Monstranz verehret, weil sich auf derselben ebenfals sein Name befindet. Außer dem gedachten hohen Altare befinden sich noch 4 andere kleine Altäre, 2 rechts und 2 links in der Kirche. Einer ist der Altar Beatæ Mariæ virginis in sole, der andere Sancti Georgii, der dritte Sanctarum perpetuæ & felicitatis, der vierte Beatæ Mariæ virginis dolorosæ. Dieser letztere hat gutes Schnitzwerk, die anderen sind nicht so schön. In der Sakristey befindet sich, nebst dem Archive und Behältnisse der reichen Meßzierrathen= noch ein Altar, welcher vormals in der Kirche gestanden, dem Erzengel Michael geweihet war und nun kaßirt ist. Der in der Kirche befindliche Taufstein hat zwar keine Aufschrift, er ist aber sehr alt, und es befinden sich an demselben rundherum sehr altfränkische Bilder und Zierrathen.

Rechts neben dem Hauptaltare ist ein schön gearbeiteter hoher Tabernakel, worin, nebst dem Salböl und Kelche, sich in einem Glase ein Stück vom Schienbeinknochen befindet, welcher, laut eines daran gehefteten pergamentenen Zettels mit goldenen Buchstaben, vom heil. Märtyrer Saturninus seyn soll. Noch ein anderer Knochen, und zwar ein Oberarm eines ungenannten Heiligen, welcher ebenfals, wie der darum geschlungene rothe Faden andeutet, ein Blutzeuge gewesen seyn soll, befindet sich daselbst, und ist in einem hölzernen Futteral, welches die Gestalt eines Arms hat, eingefaßet. Auf dem Altare, welcher den beiden heiligen Frauenspersonen Perpetua und Felicitas gewidmet ist, stehet ein schön geschnittenes und geziertes Kästchen, worin sich ebenfals Reste von anonymischen Heiligen, nemlich ein paar Schädelknochen befinden.

Zu den übrigen Alterthümern, welche in dieser Kirche zu sehen sind, gehöret ein schöner eherner Waschkessel, welcher in der Sakristey aufbewahrt wird, und wie die gegossene Umschrift zeiget im Jahre 1544 von einem Barbier, Johann Lamel, hieher verehret worden. Ferner ist unter der Orgel ein großes steinernes mit vielen Wappen geziertes und weitläufig mit lateinischen und deutschen Buchstaben beschriebenes Monument zu sehen, welches im Jahre 1605 zum Andenken **Wilhelmi de Hugenpoth** aufgerichtet ist. Weil auch viele in dieser Gegend

woh=

Die katholische Pfarrkirche St. Peter, die heutige Propsteikirche St. Peter und Paul, um 800 als Eigenkirche des Reichshofes Bochum entstanden und nach dem Großen Stadtbrand von 1517 wiedererrichtet.

Ausschnitt aus dem Kortumschen Stadtplan von 1790.

wohnende adeliche Familien hieselbst ihre Erbbegräbnisse haben, so sind deren Schilde an den Wänden aufgehängt; sie sind fast alle aus dem 17ten und 18ten Jahrhunderte. In dieser Kirche ist unter andern im Jahre 1751 der berühmte kaiserliche Feldmarschall **Johann Hermann Franz, Graf von Nesselrode**, begraben worden. Er starb auf seinem Schlosse **Grimberg**.

Bey dieser Kirche stehen außer dem Hauptpfarrer noch ein Primissarius, welcher die Frühmesse hält, und verschiedene Vikarien.

Die zu derselben gehörige Vikarien sind folgende.

1) Vicaria Primæ Missæ, welche der Stadtmagistrat zu vergeben hat.
2) Vicaria Perpetuæ & felicitatis, welche der Herr **von Brüggen** vergiebt.
3) Vicaria Beatæ Mariæ virginis in sole, welche der katholische Pfarrer vergiebt.

Sonst gehörten noch dazu:

4) Vicaria Beatæ M. virg. dolorosæ; diese ist längst zur lutherischen Pfarre gezogen.
5) Vicaria Georgii, und
6) Vicaria Corporis Christi; beide gehören jetzt dem reformirten Prediger; von ersterer zieht aber die reformirte Gemeine zu Essen die halben Einkünfte.
7) Vicaria Michaelis; diese ist dem reformirten Schulmeister zugelegt.

Von der vicaria primæ missæ zieht der lutherische zweyte Prediger, als Rektor der lateinischen Schule, die Hälfte der Einkünfte.

Die katholische Pfarrstelle selbst hängt von dem zeitigen Landesherrn ab.

2. **Die evangelische lutherische Kirche** liegt am westlichen Theile der Stadt auf einem etwas erhabenen Platze, welcher den Kirchhof ausmacht. Dieser stößt an der Westseite am sogenannten Graben, und ostwärts ist die obere Marktstraße. Von dieser Straße führt ein Weg, ohngefähr 20 Schritte lang, zum Kirchhofe. Es ist hieselbst eine

Vom ehemaligen und jetzigen Zustande

kleine steinerne Treppe; nach dem Graben hin ist aber der Kirchhof flach. Er ist vorne und hinten mit einer Mauer eingefaßt. Auf diesem Platze stund ehmals Brunsteins Hof, welchen die Gemeine an sich kaufte um daselbst die Kirche zu bauen. Diese ist 80 Fuß lang, 48 Fuß breit und 32 Fuß hoch. Es ist auch ein Thurm daran, dessen Spitze 55 Fuß hoch ist. Am 26sten April im Jahre 1655 wurde der Grundstein zur Kirche gelegt. Zum Andenken ist über dem Eingang des Thurms in einem Steine diese Schrift gehauen: Anno 1655. d. 26. April ist der erste Stein an diese Kirche gelegt und zur Ehre Gottes und mit Permission unsers gnädigsten Landesfürsten und Herren erbauet.

Pax intrantibus, salus exeuntibus.

Die Thurmspitze ist im J. 1659 aufgesetzt. Außer dem Haupteingange zur Kirche durch den Thurm sind noch zwey Thüren an den Seiten. Im Thurme hängt eine Glocke 440 Pfund schwer, welche 1672 gegossen worden. Im Jahre 1724 wurde die Kirche inwendig erneuert, und 1787 besserte man dieselbe sowol als den Thurm aus, weil alles sehr baufällig war. Das Chor der Kirche hält 20 Fuß quadrat; der darin befindliche Altar hat ein gutes Gemählde, welches das letzte Abendmahl Christi vorstellt. Die erste Orgel wurde im Jahre 1666 verfertigt, im Jahre 1754 aber eine weit schönere und größere gebauet. Die Kanzel stund anfangs mitten in der Kirche, wurde aber im Jahre 1724 an einem bequemern Ort gesetzt, und dazu ein Deckel verfertigt. Die Einweihung der Kirche geschahe im Jahre 1659.

Das Gewölbe ist von Holz und ruhet auf 6 dicken hölzernen Säulen; an demselben herunter hängen zwey große messingerne Leuchter; einer welcher kleiner ist, im Chor, der andere größere und sehr schöne mitten in der Kirche. Jenen hat im Jahre 1700 **Peter Kramwinkel,** diesen, im Jahre 1734, **Anton Friederich Bordelius,** Kaufmann in Lübeck, geschenkt.

An dieser Kirche stehen zwey Prediger, nemlich ein Hauptprediger und ein Frühprediger. Die Gemeine hat das Wahlrecht, doch hat der Magistrat die Collation über die zur Pfarre gehörige vicaria beatæ M: virg. dolorosæ.

1. Die

Die 1689 eingeweihte Johanniskirche, das Gotteshaus der reformierten Gemeinde.

Ausschnitt aus dem Korlumschen Stadtplan von 1790.

Die in den Jahren 1655 – 1659 erbaute Pfarrkirche der lutherischen Gemeinde, seit 1873 Pauluskirche.

Ausschnitt aus dem Korlumschen Stadtplan von 1790.

der Stadt Bochum.

3. Die reformirte Kirche liegt am südlichen Theile der Stadt. Der Kirchhof stößt nach vorne an den Wölenbring, und von hinten ist derselbe ohngefähr 20 Schritte von der Rosenstraße entfernt, von dieser führt auch ein Weg auf denselben, welchen die Gemeine vor 18 Jahren gekauft hat. Der rechte Aufgang auf den Kirchhof ist vom Wölenbring, vermittelst einer kleinen Treppe, und von dieser Seite schließt auch eine Mauer denselben ein. Es steht hier auch eine Reihe von sehr hohen Lindenbäumen. Die Kirche ist von den hieselbst befindlichen die kleinste. Der Thurm steht mitten auf der Kirchen. Im J. 1691 wurde der Bau derselben angefangen, und im J. 1698 vollendet. Die Orgel ist im J. 1745 verfertigt, und im J. 1768 sind zwey kleine Glocken im Thurm angeschaffet worden. Außer der Hauptthür, welche südwärts ist, ist noch eine Kirchthür an der Westseite.

Die Gemeine hat das freye Wahlrecht des an dieser Kirche stehenden Predigers.

4. Die deutsche Schulen. In einer im Archiv des Stifts Herdike befindlichen Nachricht von den Gerechtigkeiten und Einkünften dieses Stifts, welche von der Abtissin Rixa van Calle im J. 1483 verfertigt worden, und von Steinen im 23sten Stück der Westph. Gesch. mitgetheilt hat, wird eines Hofes tho Bocheym gedacht, dar dye Scholmeyster op sittet. Es muß also schon wenigstens um diese Zeit eine Schule hieselbst gewesen seyn. Jetzt sind in der Stadt eine katholische, eine evangelisch-lutherische und eine reformirte deutsche Schule.

Die katholische deutsche Schule liegt am katholischen Kirchhofe, nahe beym Rentheyhause, und wird vom Küster bewohnt, welcher die Schule hält. Die Zahl der Schulkinder ist die größte, weil diese Gemeine überhaupt größer als die andern ist. Gleich neben dieser liegt links die lutherische deutsche Schule. Vormals wurde diese Schule von einem Vikar bedient, welcher zugleich Rektor war und die Kinder das Lateinische lehrte. Die Lutheraner hatten dies Haus im Jahre 1609 schon im Besitz. Jetzt wohnt ein besonderer Schulmeister darin, welcher zugleich Vorsänger in der Kirche ist, denn die lateinische Schule ist seit 1701 davon getrennt. Rechts, gleich neben der katholischen, liegt die reformirte Schule. Der Platz worauf sie gebaut ist wurde im Jahre

112 **Vom ehemaligen und jetzigen Zustande**

Jahre 1645. den 14. Jul. von der Bauerschaft **Eppendorp** der reformirten Gemeine geschenkt. Sie wird vom Schulmeister bewohnt, welcher zugleich in der Kirche vorsingen und die Orgel schlagen muß. Er genießt die Einkünfte der vormals zur katholischen Kirche gehörig gewesenen vicaria Michaelis und einer zu Eickel gelegenen Vikarey, **Catharina** oder **Schierhörde** genannt. Die Zahl der Kinder welche diese Schule besuchen, ist die kleinste.

Die Schulen der drey christlichen Religionspartheyen liegen hier also friedlich beysammen und haben ein gemeinschaftliches Dach.

5. **Die zwey lateinische Schulen** sind die römisch-katholische und die evangelisch-lutherische.

Die **römisch-katholische lateinische Schule** ist an der Kirche erbaut, und wird von einem besondern Rektor, der zugleich Vikarius ist und nicht in dieser Schule wohnet, bedient. Die Zahl der Kinder welche diese Schule besuchen ist sehr geringe. Das Rektorat dieser Schule hat der Abt zu Werden zu vergeben.

Die **evangelisch-lutherische lateinische Schule** lieget auf dem Spitzberge. Das Haus ist ziemlich groß und mit einem Vorplatz versehen, welcher an die Bongartsstraße stößt. Es wurde im J. 1701 von der evangelisch-lutherischen Gemeine gekauft und zur Wohnung und Schule eingerichtet. Im J. 1783 wurde es ausgebessert und verschönert. Seit gedachtem 1701sten Jahre wird diese lateinische Schule von einem besondern Rektor, welcher hier wohnet, bedient, da vorher der lateinische Unterricht mit dem Unterricht in der deutschen Schule verbunden war. Dieser Rektor ist zugleich Frühprediger, und steht auch sonst dem ersten Prediger in seinen Amtsverrichtungen bey, weil er ordinirt ist. Die Schullehrer welche hier gewesen sind, waren alle sehr gelehrte Leute. Der erste, welcher zugleich die deutsche Schule bediente und ein Mitgehülfe des Predigers war, war im J. 1609 **Adolph Abeli**. Ihm folgte im Jahre 1612 **Diderich Schluck**; nachher 1615 **Georg Rebenscheid** und 1623 **Nikolaus Gildemeister**; 1630 **Rembert Steinberg**. Nachdiesem bedienten bald nacheinander **Johann Castropius**, M. **Johann Rappius**, **Hans Jürgen Christiani**, und **Friederich Raetenberg**, genannt **Victor**, die Schule. Diesem folgte

der Stadt Bochum. 113

folgte im J. 1646 Johann Schulte, im J. 1655 **Henrich Matthäi**. Zwischen diesen beiden letztern soll nach Teschenmachers Bericht in Anal. Reform. cliv. M. S. noch M. **Henrich Fabritius** gewesen seyn, welcher im Jahre 1663 von den Kaiserlichen erschossen wurde. Im Jahre 1701 wurde **Michael Blech** berufen, unter welchem zuerst die lateinische von der deutschen Schule getrennt wurde; Er starb im Jahre 1730, im folgenden Jahre kam **Christian Ernst Hetschel**, und als dieser im J. 1758 starb, **Peter Christoph Heeden** im Jahre 1759 an seine Stelle. Letzterer starb im J. 1782, und darauf wurde in eben diesem Jahre Herr **Johann Daniel Teewag**, gebürtig aus Lennep, berufen, welcher noch jetzt seinem Amte aufs rühmlichste vorsteht, die Schule in einen sehr guten Stand gesetzt hat, und als Gelehrter und Schriftsteller vorzüglich bekannt ist.

Die lutherische Gemeine hat das Recht einen Rektor zu wählen; die halben Einkünfte der Vikarey Primämissä, welche er zu genießen hat, vergiebt der hiesige Magistrat.

Außer diesen benannten Schulen in der Stadt sind noch auf einigen Dörfern nahe bey, kleine Schulen; auch hat im J. 1790 der **Freyherr von der Reck, Herr zu Overdiek und Ritter des Johanniterordens**, noch eine Freyschule für alle Religionen nahe bey seinem Gute, eine Viertelstunde von der Stadt, errichtet und gestiftet.

6. **Die Pfarrwohnungen.** Die **römisch katholische Pfarrwohnung** ist auswärts der Stadt, nicht weit vom Brückthore gelegen. Sie wird die Widume genannt, ist fast wie ein Rittersitz eingerichtet, rundherum mit Graben umgeben, und es gehören Gärten, Obstgärten, Wiesen und fast alle ländliche Bedürfnisse dabey. Die stehende Einkünfte des katholischen Pfarrers sind überhaupt ansehnlich. Ehmals hatten die Pfarrer den Titel als Dechanten der Christianität hiesiger Gegend; wie ich denn unter andern in einer Nachricht gefunden habe, daß uns Jahr 1520 **Aleph Dörhoff** Dechen und Pastor zu Bochum gewesen. Es ist auch noch eine besondere Pfarrwohnung oder Vikarienhaus in der Stadt, auf der Rosenstraße, für den zweyten Geistlichen oder Primissarium, welcher die halben Einkünfte der Vikarey Primämissa genießt.

N. Westph. Mag. Heft 6.   P   Die

Vom ehemaligen und jetzigen Zustande

Die evangelisch lutherische **Pfarrwohnung** liegt in der Stadt auf der Königsstraße. Es ist ein gutes Haus mit Hofraum, Nebengebäude und einem kleinen Garten versehen. Die dazugehörige Ländereyen, Gärten und sonstige Güter liegen außerhalb der Stadt. Die Einkünfte der ehmaligen Vikarey B. M. V. dolorosä, gehören dazu. Von der Wohnung des zweyten Predigers, oder der lateinischen Schule, ist oben schon gesprochen.

Die **evangelisch-reformirte Wohnung** liegt am kleinen Hellwege außerhalb der Stadt. Sie wurde ehmals von demjenigen katholischen Vikar bewohnt, welcher die hieselbst gelegen gewesene Sakraments-Kapelle bediente. An dieser Wohnung sind ein geräumiger Hof, Garten und sonstige Bedürfnisse. Die Einkünfte des Predigers sind überhaupt ansehnlich, und rühren meist her von den ehmaligen Vikareyen des Sakraments oder Corporis Christi und Georgii.

§. 16.
Zur Stadt gehörige Plätze.

Die merkwürdigsten zur Stadt gehörigen, aber außerhalb derselben liegende Plätze sind: 1) Die **Veude** oder **Föhde**; 2) die **Bleiche**; 3) das **Griesenbruck**; 4) der **Richtplatz**.

1. Die **Veude** oder **Föhde** ist ein ansehnliches Stück Landes, welches fast den ganzen nördlichen und östlichen Theil der Stadtfeldmark ausmacht. Es ist von den ältesten Gebietern dieser Stadt und Bürgerschaft geschenkt worden. Graf **Engelbert** im Stadtprivilegium vom Jahre 1321 erwähnet desselben schon und bestätiget den Bürgern in Buchem den Gebrauch der Veude. Es ist ein bloßes Eigenthum der Stadt, keine von den nahgelegenen Dorfschaften hat Theil daran, und keiner als derjenige, welcher würklich Bürger ist, darf sich des Gebrauchs desselben anmaßen. Aus einem im Stadtarchive befindlichen Dokumente erhellet, daß im Jahre 1522 das nahliegende Dorf Aldenbochum auch das Recht darauf sich zuweilen zwar angemaßet, daß aber jederzeit die Stadt ihre **Schüttgerechtigkeit** darauf behauptet habe. Dieses schöne Stück Landes wird in zwey Theile unterschieden, wovon der östlich liegende Theil

Die Elementarschulen der drei christlichen Konfessionen, gelegen am Kirchplatz der Propsteikirche.

Ausschnitt aus dem Kortumschen Stadtplan von 1790.

Das lutherische Pastorat an der Oberen Marktstraße (heute: Massenbergstraße), gegenüber der Einmündung Schützenbahn.

Ausschnitt aus dem Kortumschen Stadtplan von 1790.

der Stadt Bochum. 115

Theil die große, der nördlich liegende die kleine Veude genannt wird. Eine derselben dienet beständig zur Weide des Viehes, und zwar 6 Jahre lang; mittlerweile wird auf der andern Getraide gezogen. Wenn 6 Jahre verstrichen sind so wird diese zur Weide wieder genommen, und die andre geackert; und also alle 6 Jahre immer mit beiden abgewechselt. In dem letzten von den 6 Jahren, da eine Veude Korn trägt, wird auf derselben weisser Klee gesäet; jeder Bürger trägt zu der Aussaat desselben bey, und also wird diese zu der nächstkünftigen Weide, damit das Vieh darauf überflüssige Nahrung finde, geschickt gemacht. Die Weide oder Hütung fängt am Maytage an und währet bis im Herbste, so lange die Witterung günstig ist. Diese Weide ist für alle und jede, reiche und arme Bürger gemeinschaftlich, und ohne etwas weiter dafür als das Hirtenlohn zu bezahlen, kann jeder so viele Schweine, Ziegen und Kühe auftreiben als er will. Dieses Vieh dünget in den 6 Jahren, da es darauf weidet, das Land, so daß es zum künftigen Ackerbau wieder geschickt und fruchtbar wird. Ob gleich aber diese Veude während den 6 Weidejahren eine Gemeinheit ist; so ist doch dieselbe in einzelne Stücke und Felder abgetheilt, welche das Eigenthum einzelner Bürger sind, die solches ehymals erblich ancrkauft haben, nur vernutzen sie dasselbe, wie gesagt, als Ackerland blos und allein in den Jahren, da kein Vieh darauf weidet. Viele Bürger haben in jeder von den beiden Veuden ihre abgetheilte erbliche Aecker, und können also entweder von der einen oder von der andern, wechselsweise 6 Jahre nach einander, eigen ihr Land nutzen; andre haben nur in einer allein ihre Erbäcker; diese können also auch nur 6 Jahre lang hintereinander die Frucht ziehen, und müssen alsdenn eben so lange warten, bis die Reihe der Umackerung wieder an diejenige Veude kommt, worin sie ihre Felder haben. Es ist also die ganze Veude, beide zusammengenommen, theils eine Gemeinheit, theils ein besonders Eigenthum. Das Veudeland ist übrigens sowol wegen seiner ungemeinen Ergiebigkeit, als auch wegen seiner Nähe bey der Stadt, besonders aber weil es nicht viel Düngung bedarf, sehr theuer im Verhältniß gegen anderes Ackerland. Vor einigen Jahren wurde die Theilung der Veude im Vorschlag gebracht, es ward aber daraus nichts.

P 2   2. Die

116 Vom ehemaligen und jetzigen Zustande

2. Die Stadtsbleiche ist auf einem Platze nahe bey der Stadt hinter dem Wolenbring. Der Boden hieselbst ist zur Bleiche gut, so wie auch das Wasser, welches in Ueberfluß aus nahgelegenen Springquellen und Bächen kommt.

3. Das Griesenbruck ist ein felsichtes gesträuchvolles Thal, südwestwärts eine halbe Viertelstunde von der Stadt entlegen. Es ist ein herrlicher Steinbruch daselbst, mit dessen Steinen die Stadt gepflastert wird, und welche man auch zum Bauen gebraucht. Die Abhütung des daselbst wachsenden Grases wird verpachtet, und die Einkünfte davon bekommt die Kämmerey.

4. Der Richtplatz befindet sich an der Landstraße nach Essen eine Viertelstunde von der Stadt, und wird von einer, eben disseits befindlichen steinernen Brücke, welche über einen Bach gebaut ist, die Markbrücke oder Marbrücke genannt. In diesem Bache wurden vormals auch die Kindermörderinnen ertränkt. Der Richtplatz selbst liegt nicht im Stadtgebiete, wohl aber die vorgedachte Brücke.

§. 17.
Stadtsmühlen.

Vormals war eine Viertelstunde von der Stadt, am Wege nach Eickel, eine Windmühle; weil diese aber nun ganz zerstört ist, so bedienen sich die Bürger der eine Viertelstunde von dem Brückthore befindlichen Wassermühle, die Bulksmühle genannt. Dieser fehlt es nie an Wasser. Sie ist eine Zwangmühle, gehörte vormals der Stadt eigenthümlich zu, und die Kämmerey bekam davon die Einkünfte. Seit der Einführung der Accise ist sie zur königlichen Rentey gezogen; indessen wird aus derselben die Stadt dafür wieder entschädigt. Es fährt täglich ein Fuhrmann, welcher diese Fahrt gepachtet hat, mit einer Karre, auf welche die Bürger ihr Korn legen und dafür ein gewisses bezahlen, aus der Stadt nach dieser Mühle, und bringt es gemahlen wieder zurück.

§. 18.

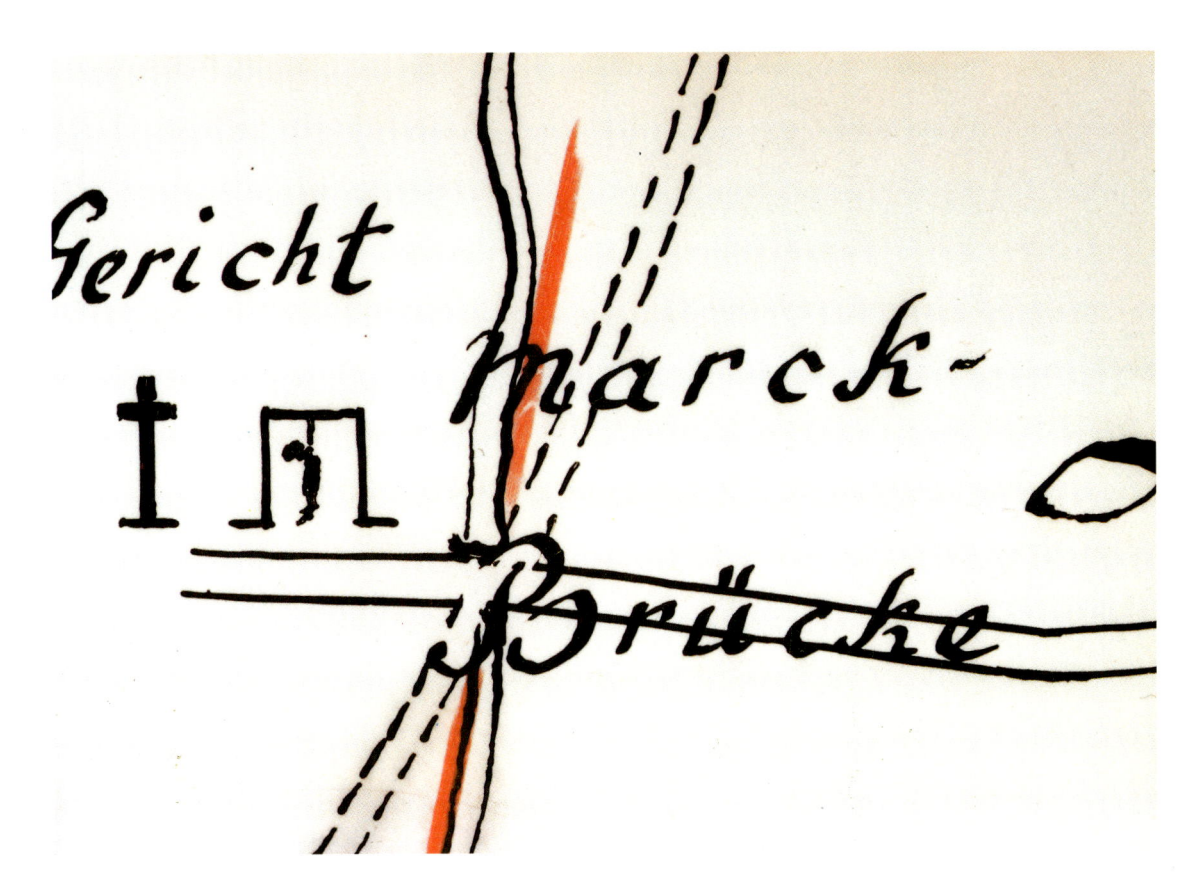

Der Richtplatz an der Maarbrücke mit Galgen und Rad.

Ausschnitt aus dem Plan der Stadt Bochum von 1755. Staatsarchiv Münster.

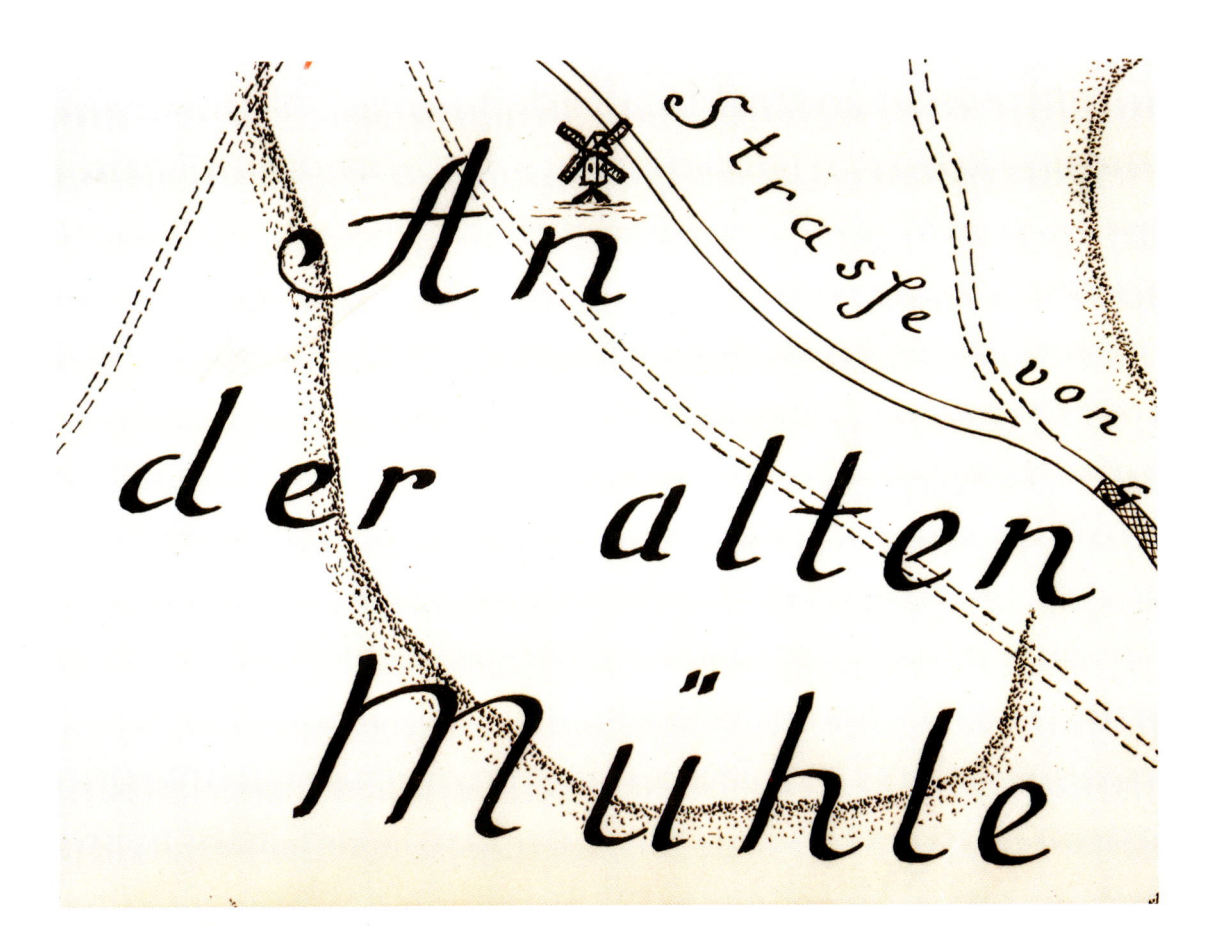

Die Windmühle am Weg nach Eickel.

Ausschnitt aus dem Plan der Stadt Bochum von 1755. Staatsarchiv Münster.

§. 18.
Wege und Landstraßen bey der Stadt.

Die Wege und Straßen sind nahe bey der Stadt alle mit Steinen gepflastert. Wo das Pflaster aufhört wird der Weg immer von den Bürgern ausgebessert; diese Arbeit ist eine von den Lasten, welche sie als Bürger tragen müssen; das Pflaster aber wird von der Kämmerey bezahlt. Vor zwey Jahren hat man hieselbst den kostbaren schönen Chausseeweg zu bauen angefangen, welcher aus dem Süderlande durch diese Stadt nach Essen führt. Es wird von den Fahrenden und Reitenden davon, zum Behuf des Chausseeweges, eine geringe Abgabe bezahlt. Das eigentliche Wegegeld aber, welches jährlich verpachtet wird und eine gute Summe beybringt zieht die Kämmerey. Herzog Adolph zu Cleve hat im J. 1424 der Stadt solches geschenkt; der Schenkungsbrief ist aber nicht mehr vorhanden.

§. 19.
Wälder und Holzung.

Diese hat die Stadt seit langer Zeit nicht mehr gehabt, außer was etwa an der Landwehre stand; aber auch dieses ist verhauen. Im Amte selbst ist jedoch an Holz kein Mangel.

§. 20.
Brunnen.

Zufolge einer Nachricht vom J. 1722 waren damals außer zwey auf dem Markte befindlichen öffentlichen Brunnen noch 95 Privatbrunnen vorhanden. Im Jahre 1789 wurden in allem deren 105 gezählt.

§. 21.
Naturgeschichte der Stadtgegend.

Die Luft ist ziemlich gesund, denn weil dieselbe nach allen Seiten hin einen freyen Zufluß hat, weil die Stadt in einer Ebene liegt, so wird sie beständig erneuert; Moräste, Sümpfe, dicke Wälder und was sonst die Luft verderben könnte, sind auch nicht in der Nähe. Man findet

deswegen hier viele alte Leute, und höchst selten herrschen ansteckende
Krankheiten. Das Wasser ist ebenfals sehr gut und rein, sowol in den
Brunnen als in den Quellen nahe bey der Stadt. In einigen wenigen
Brunnen habe ich jedoch die vermes cucurbitinos angetroffen, und daher wird es kommen, daß verschiedene Einwohner dieser Stadt mit dem
Bandwurm behaftet sind. Außer den etwas weiter von der Stadt entfernten Quellen und Bächen sind nahe bey der Stadt südostwärts der
Krämersspring und nordwärts die **Goldbecke**, ostwärts aber die
Hogatenquelle. Die erstere vereinigt mit der **Ladbecke**, welche
eine Viertelstunde von der Stadt entspringt; sie giebt alsdenn das Wasser zur Stadtbleiche, fließt von da in die Stadt durchs Beckthor, schlängelt sich durch den **Katzenhagen** aus der Stadt nach der Vulksmühle
hin, welche sie treibet, nachdem sie unterwegens noch einige kleine
Bäche aufgenommen hat; das Wasser fließt endlich in die Emschar,
welche zuletzt in den Rhein fällt. Die **Goldbecke** entspringt in der
Vende und dienet hauptsächlich zur Tränkung des Viehes, welches daselbst weidet, indem sie kleine Teiche bildet. Die **Hogatenquelle** ist
von allen die beste; sie verseiget nie, entspringt aus einem Felsen, hat
einen schwachen mineralischen Gehalt, und ihr Wasser ist sehr geistreich
und erquickend. Die Bürger bedienen sich desselben häufig zum Getränk
für Kranke und Gesunde. Dieses Wasser vereinigt sich vor dem Beckthor mit jenem vom Krämersspring kommenden, macht erst einen kleinen
Teich, woraus die Bürger ihre Pferde tränken, und fließt dann mit
jenem gemeinschaftlich zur Stadt herein und durch den obenbeschriebenen
Weg wieder heraus. Der Fels, woraus diese herrliche Quelle entspringt,
und der Weg welcher über demselben nach Castrop und Harpen führt,
wird die **Hogate**, eigentlich hohe Gasse, genannt; denn an beiden Seiten sind sehr hohe Ufer, welche mit Gesträuch, Bäumen und Kräutern
bewachsen sind. Der Fels ist hin und wieder quarzartig. Hier steigt
beständig ein feiner mineralischer Dunst auf, welcher macht, daß alles,
was sich daselbst aufhält, einen hellen röthlichen Schein bekommt.
Man hat zwar vormals versucht hieselbst Eisen und Kupfer zu graben
und dabey die verlangte Rechnung nicht gefunden; doch glaube ich gewiß
daß hier ein reichhaltiges Mineral liegen müsse.

der Stadt Bochum.

Der Boden in der Stadtfeldmark hat meistens 5 bis 8 Fuß Leimen, worunter bald Mergel, bald Kieß und Sand liegt, alsdenn folgt Gestein. Hin und wieder ist die Erde gut zu Ziegeln und Töpfen, und es sind deswegen in einiger Entfernung von der Stadt Ziegelöfen angelegt. Hier und da ist auch Kalkstein, er nutzet aber nicht viel. Zuweilen findet man auch Schwefelkies, selten auch Petrefakten, besonders Conchiten. Aber viele Kohlen streichen von Osten nach Westen hin, und deswegen sind, nicht weit von der Stadt, Kohlenbergwerke angelegt.

An guten Steinbrüchen fehlt es nicht. Besonders schöne Steine giebt der im oben angeführten Griesenbruck befindliche Steinbruch; die größten Steine ziehet man hieselbst mit einem dabeystehenden Krahnen in die Höh.

Die Aecker sind in der ganzen Feldmark überaus fruchtbar. Es werden Weizen, Gersten, Hafer, Rübsaamen, Erbsen, Wicken, Flachs, Hanf, meistens aber schöner Rocken gezogen, der hieselbst von einem Scheffel Aussaat 10, 15 und mehr Scheffel wiedergiebt. Es ist auch nichts seltenes, Kornhalme mit 2, 3 und mehrern Aehren zu sehen. Ich besitze unter andern einen Halm mit 16, einen mit 11 und einen mit 10 Aehren, welche alle nahe bey der Stadt gewachsen sind.

Die Gärten und Obstgärten bey der Stadt sind ebenfals sehr ergiebig; auch die Wiesen tragen langes Heu.

Hasen, Rebhüner, Schnepfen und Wachteln sind in dieser Gegend häufig; auch giebt es hier und da auf den Heiden nicht weit von der Stadtmark, wegen der daselbst wachsenden Wacholderbeeren, Krametsvögel; es sind vormals auch deswegen Heerde anzulegen versucht worden. Anderes Wildprett giebt es, wegen Mangel großer Wälder, hier nicht.

Krebse sind gut und häufig in den Bächen dieser Gegend, jedoch nicht nahe bey der Stadt. Fische giebt es, außer denjenigen, welche die etwas entfernte Ruhr und Emscher, imgleichen die Graben und Teiche auf den Rittergütern und Bauerhöfen liefern, nicht.

Bienen gedeihen hier gut; denn in dieser Gegend wachsen viele honigreiche Kräuter wild. Noch spät ist das auf den Heiden wachsende Heidekraut sehr ergiebig. Weisser Klee und Rübsaamen wird

viel

viel gesäet, und Pappeln, Linden und andere Bäume, welche die Bienen lieben, finden sich hier

Auch wachsen in dieser Gegend viele gesunde Arzneykräuter, welche man sonst anderswo nicht so häufig antrifft.

§. 22.
Beschaffenheit, Lebensart und Nahrung der Einwohner.

Die Einwohner der Stadt sind meist starke, untersetzte, feste Leute. Wenige Krüppel trifft man an, und man findet hier für einen so kleinen Ort viele alte Menschen, sowol männlichen als weiblichen Geschlechts. Siebenzig- und Achtzigjährige sind gar nicht selten. In den vor mir liegenden Sterbelisten finde ich, zum Beyspiel, daß im Jahre 1731 unter 26 Personen welche hieselbst, klein und groß, vom katholischen Pfarrer begraben worden, 4 über 70, 3 weit in 80 Jahren, und einer 90 Jahre alt waren. Im J. 1719 starb hieselbst Catharina Lückers, Wittwe des Johann Fiege, 95 Jahre alt; sie hatte 85 Kinder und Kindeskinder gesehen, und überdem noch ein Paar Söhne in Holland verheyrathet, deren Kinder nicht mitgerechnet sind. Das Protokoll welches damals hierüber vom Magistrate abgehalten, und, der Seltenheit wegen, höhern Orts eingesandt worden, liegt hievon noch abschriftlich im Archiv. Es sind zwar nicht in allen Jahren auf den Todtenlisten die verstorbenen Greise bemerkt worden; ich finde aber auf folgenden einige verzeichnet:

		Jahr alt
Im Jahre 1721 Gertrud Steinkamp	=	100
Caspar Erdemann	=	95
1722 Jürgen Nefeling	=	90
Elbert Stoot	=	95
Adolf Hilger	=	100
1723 Eberhard Bodde	=	95
Jörgen Wesselings	=	90
1726 Peter Tiemann	=	90
1727 Clara Feltmann	=	98

Im

der Stadt Bochum.

		Jahr alt
Im Jahre 1731	Henrich Nehlmann	89
	Wittib Solines	99
1732	Anna Magd. Stoot	92
1734	Peter Nölle	89
1735	Wittib Straatmanns	90
1760	Eine ungenannte Wittwe	90
1763	Joh. Frior. Splicthoff	96

In den neuern Sterbelisten kommen aus dem Jahre 1780 einer von 91 Jahren, aus 1781 drey von 90, aus 1785 einer von 97 und viele von 80 und höhern Jahren vor.

Die einfache Lebensordnung welche durchgehend hier geführt wird, ist nebst der gesunden Luft von dem meist hohen Alter der Einwohner die Hauptursache. Der größte Haufe nährt sich fast blos von Brod, Milch, Butter und Gemüse; selten wird vor dem gemeinen Mann Fleisch gegessen, noch seltener schmeckt er Fische. Gewürze fallen fast ganz weg. Der Kaffe wird zwar häufig gebraucht, ist aber sehr dünne und macht bey einem Stück Brod oft die Mittagsmahlzeit, fast immer aber die Abendmahlzeit der Familie aus, welche sich vertraulich um den Kaffekessel, Milchtopf und Brodkorb setzet. Der Hausvater raucht wol zu Zeiten seine Pfeife köllnischen Toback, und wenn er bey Vermögendern in Arbeit ist, nimmt er auch mit einem Glas Fusel und einer Kanne Bier vorlieb; er isset zu dieser Zeit auch besser, bekommt Speck oder Fleisch und Pfannkuchen, und ist dann vergnügt wie ein Fürst.

Die Bürger überhaupt ernähren sich größtentheils vom Ackerbau. Das Bauland welches ihnen zugehört und in der Stadtsfeldmark liegt, betrug im Jahre 1722, 345 Malterse. Jetzt besitzen die Bürger weit mehr, weil sie vieles Land haben, welches außer der Stadtmark im Amtsgebiete liegt. Fast jeder wohlhabender Bürger hat eignes Feld, wenige aber halten eigene Pferde und Ackergeräth, sondern sie lassen von Bauern der nahgelegenen Dörfer entweder um Geld oder um die Hälfte des Ertrags ihre Ländereyen bearbeiten. Dasjenige Getraide was

N. Westph Mag. Heft 6.   Q   sie

Vom ehemaligen und jetzigen Zustande

sie selbst nicht gebrauchen, wird nach Witten oder Hattingen auf den Markt geführt oder sonst verkauft.

Ein anderer Nahrungszweig ist die Viehzucht. Jeder Bürger, er sey vornehm oder geringe, hat eine oder mehrere Kühe; die ärmsten haben wenigstens eine Ziege. Mit der Milch, Butter und dem Käse bestreiten sie einen großen Theil der Haushaltungskosten. Weil das Vieh im Sommer umsonst auf der Bende sein Futter hat, so ist ihnen solches wohlfeil zu unterhalten. Die reichsten Bürger haben auch ihre eigene Weiden nahe bey der Stadt. Viele mästen von dem Abfall in der Haushaltung Schweine; entweder zu ihrer eigenen Consumtion oder zum Verkauf, wenn solche fett sind. Sie werden des Sommers mit auf die Bende getrieben, auch wol im Herbste zur Mast in die Eichen- und Buchwälder des Amtes. Im Jahre 1719 war der ganze Viehstand in der Stadt: 24 Pferde, 402 Kühe und 2 Ziegen. Er hat nach der Zeit abgenommen, denn im Jahre 1789 waren nur vorhanden 287 Stücks Rindvieh, aber 42 Ziegen und 27 Pferde.

Schaafe werden gar nicht gehalten.

Einige Bürger treiben die Bienenzucht; doch mehr zum Vergnügen als Nutzen. Es könnte dieser Nahrungszweig hier sehr verbessert und fruchtbar gemacht werden. Die ganze Provinz ist zur Bienenzucht geschickt. Ich habe durch meine im Jahr 1776 herausgegebene **Grundsätze der Bienenzucht für die westphälische Gegenden** Gelegenheit zur Beförderung derselben gegeben, es fehlt aber an höherer Aufmunterung.

Auch das Kohlenbergwerk ernährt manchen Bürger. Einige haben an den Bergwerken selbst Antheil; andre arbeiten darin; andre führen auf Karren, Schiebekarren, Schleppen und in Tragekörben zum Verkauf die Kohlen in die Stadt; oder holen selbige für andere.

Fabriken und Handel gedeihen hier nicht sonderlich. Vom sonstigen Gewerbe wird in einem der nächsten Sphen gehandelt werden.

Die Klasse der vornehmern Einwohner besteht aus königlichen Bedienten, Beamten und Gelehrten; nächst dieser folgt die Klasse der Kaufleute; alsdenn der Wirthe, Handwerker und Künstler. Auch von diesen wird nachher mehr gesagt werden.

Die

der Stadt Bochum. 123

Die übrigen geringeren Bürger sind Tagelöhner, welche sich mit Dreschen, Holzhauen, Steinebrechen, Futterschneiden und dergleichen Handarbeiten, die in größern Häusern vorkommen, und durch die Hülfe beym Ackerbau, Brandtweinbrennen, Brauerey und sonstige wirthschaftliche Sachen ernähren.

Die im Dienste stehenden Soldaten, welche hieselbst Weiber und Kinder oder sonstige Verwandten haben, kommen nach der Exercierzeit, wenn kein Krieg ist, nach Hause, und gehen ihrem Handwerke oder Tagelohn nach.

Das Weibsvolk der geringern Klasse währet sich mit Spinnen, Nähen, Waschen, bearbeitet einen kleinen Garten, pfleget das Vieh und hilft auch bey andern Arbeiten in den Häusern der Vermögenden.

§. 23.
Zahl der Einwohner.

Im Jahre 1722 war, wie in einer geschriebenen Nachricht zu finden ist, die Zahl der sämmtlichen Stadtbewohner 1663, nemlich 334 Hauswirthe, 382 Frauen, und an Kindern und Gesinde 927 Personen. Im Jahre 1725 war die Zahl aller Menschen hier nur 1397, nemlich 322 Männer, 290 Frauen, 365 Söhne, 317 Töchter, 8 Gesellen, 4 Knechte, 10 Jungen und 81 Mägde. Im Jahre 1752 war die Zahl aller Einwohner 1395. Im Jahre 1754 war aber diese Zahl wieder zu 1464, und im Jahre 1755 bis zu 1521 gestiegen. Im Jahre 1757 war wiederum die ganze Zahl nur 1467; nemlich 304 Männer, 395 Frauen, 124 Söhne über 9 Jahren, 220 Söhne unter 9 Jahren, 116 Töchter über 9 Jahren, 203 Töchter unter 9 Jahren, 18 Knechte und 87 Mägde. Im Jahre 1789 wohnten überhaupt 366 Familien in der Stadt und den kleinen Vorstädten; Die Personenzahl, ausgenommen die in Diensten stehende Soldaten war 1474. Hierunter befanden sich 294 Männer, 385 Frauen 332 Söhne, 348 Töchter, 11 Gesellen, 17 Diener und Knechte 1 Junge und 86 Mägde. Von allen diesen waren 983 über, und 491 unter 10 Jahren alt. Militairstandes waren noch 47 Personen.

Q 2 §. 24.

124 Vom ehemaligen und jetzigen Zustande

§. 24.

Nähere Nachricht von den in der Stadt wohnenden Beamten, Geistlichen und weltlichen Bedienten, Professionisten und von anderm Gewerbe sich nährenden Personen.

Aus der §. 9. N. 1. mitgetheilten Urkunde gehet hervor, daß unter andern schon im Jahre 1298 in Bochum gewesen: Ein Richter, ein Schultheiß, ein Schenkwirth, ein Huthmacher, ein Trödler, ein Herold, ein Fechter, ein Schneider, ein Henker. Es wird darin noch mehrerer Bürger und Einwohner namentlich gedacht, ihr Gewerbe aber nicht benannt. Da darin sogar von Gildgenossen geredet wird, so ist zu glauben daß damals schon Gewerbe und Handel, allhier geblühet haben.

Im Jahre 1722 waren außer den geistlichen und weltlichen Bedienten, zufolge eines damaligen Verzeichnisses vorhanden: 21 Tuchmacher, welche aber nicht alle am Tuche arbeiteten, sondern größtentheils nur für andre die Wolle spannen; 11 Kaufhändler oder Krämer, welche meist mit Fett= und Salzwaaren handelten; 1 Tabackspinner; 2 Apotheker; 23 Becker und Bierbrauer; 1 Goldschmidt; 12 Schuster; 14 Grob= und Kleinschmiede; 2 Sattler; 3 Weinhändler; 3 Maurer; 3 Faßbinder; 3 Kürschner; 3 Barbier; 8 Leinweber; 14 Schneider; 2 Kupferschmiede; 5 Drechsler und Tischler; 4 Gastwirthe; 1 Blaufärber; 2 Glasmacher und 8 Knopfmacher.

Im Jahre 1789 waren in der Stadt 10 königliche Justitzbediente; 1 Bergamtsbedienter; 9 Accisebedienten; 6 Contributions=Recepturbedienten; 2 Postbedienten; 7 Pastores und Geistliche; 4 Schulbedienten; 6 andre Kirchenbedienten; 1 christlicher und 1 jüdischer Doktor der Arzney; 1 Apotheker nebst einem Gesellen; 5 Chirurgien mit 2 Gesellen; 3 Abschreiber; 5 Ackerleute; 21 Becker nebst einem Gesellen; 7 Brandtweinbrenner; 1 Buchbinder; 1 Kaffemühlen=Fabrikant mit 6 Gesellen; 2 Fabrikanten en gros; 18 Knechte; 86 Mägde; 1 Perükenmacher; 1 Friseur; 1 Fuhrmann; 1 Gärtner; 6 Gastwirthe; 3 Glaser; 2 Gold= und Silberschmiede mit einem Gesellen; 7 Grob=

Die Synagoge an der Schützenbahn, errichtet 1744/1745.

Ausschnitt aus dem Kortumschen Stadtplan von 1790.

Der älteste jüdische Friedhof vor dem Buddenbergtor, aufgelassen 1877.

Ausschnitt aus dem Kortumschen Stadtplan von 1790.

der Stadt Bochum. 125

7 Grobschmiede; 1 Hamenmacher; 2 Hebammen; 3 Hirten; 6 Holzschneider; 2 Hutmacher; 2 Eisenhändler; 2 Galanteriehändler; 7 Höcker oder Klippkrämer; 6 Kaufleute oder Ladenhändler; 3 Specereyhändler; 6 Knopfmacher mit 2 Gesellen; 2 Korbmacher; 3 Kupferschmiede mit einem Gesellen; 1 Landmesser; 26 Leinweber; 1 Lohgerber; 2 Lumpensammler; 5 Maurer mit einem Gesellen; 4 Musici; 1 Kornmüller; 1 Orgelbauer nebst einem Gesellen; 1 Posamentirer mit einem Gesellen; 1 Pumpenmacher mit einem Gesellen; 1 Renthenirer; 1 Scharfrichter, Abdecker; 1 Scheerenschleifer; 1 Schlachter; 3 Schlösser mit 2 Gesellen; 1 Schornsteinfeger mit einem Gesellen; 13 Schreiner mit 2 Gesellen; 26 Schuster mit 3 Gesellen; 2 Seiler; 2 Siamosenmacher; 5 Strumpfweber mit 2 Gesellen; 52 Tagelöhner; 2 Tobackspinner; 1 Uhrmacher; 3 Wollspinner; 1 Weinhändler; 3 Weinzäpfer; 1 Zeugmacher mit 3 Gesellen; 1 Ziegeldecker; 8 Zimmerleute mit einem Gesellen.

Tuchmacher, welche doch vormals in ziemlicher Anzahl vorhanden waren, sind gar nicht mehr hier. Im Jahre 1725 waren derer noch achte, welche nur im gedachten Jahre 31¼ kleine Steine Wolle verarbeiteten, da doch im Jahre 1719, 25 Steine verarbeitet wurden.

Vor einigen Jahren legte man eine Garnbleiche am Heitnocken, nahe bey der Stadt an, und bediente sich dazu des aus der Ladbeke kommenden Wassers, welches mit offenen Röhren auf den Bleichplatz geleitet wurde. Man baute auch daselbst ein schönes Bleichhaus, dieses ist aber jetzt wieder abgebrochen, und die Bleiche selbst ist eingegangen. Das Garn gerieth gut; doch fand man dabey, aus andern Ursachen, keinen Vortheil genug, und darum währte das ganze Unternehmen nur ein Paar Jahre lang.

§. 25.
Judenschaft.

Es wohnen auch Juden in der Stadt, welche sich vom Handeln, Wechseln, und besonders vom Schlachten ernähren. Sie haben ohngeachtet der geringen Anzahl dennoch eine guteingerichtete Synagoge oder Schule, welche auf der Schützenbahn liegt. Im Jahre 1722 waren hier 7 Familien. Sie haben sich seitdem vermehrt, denn im Jahre 1789 waren vorhanden 11 Familien die aus 49 Personen bestanden, worunter 25 männlichen und 24 weiblichen Geschlechts waren. Hievon waren 6 Männer, 7 Weiber und Wittwen, 11 Söhne, 12 Töchter, 8 Knechte und 5 Mägde. Die Judenschaft stehet unter dem Stadtgerichte und Magistrate; es hat ehedem zwar der Amtsrichter sich die Jurisdiktion über dieselben anmaßen wollen, ist aber höhern Orts abgewiesen worden, wie davon ein in der Registratur liegendes Rescript vom 5ten Jan. 1699, datirt Cölln an der Spree, zeuget. Der Kirchhof der Juden ist nahe an der Stadt, rechterseits des Butenbergthors.

§. 26.

Trauungs= Geburts= und Sterbelisten der Stadt.

Von den Verzeichnissen der Geheyratheten, Gebohrnen und Gestorbenen hieselbst, will ich nur aus diesem Jahrhunderte die ersten 20 Jahre und demnächst diejenigen anführen, welche die Jahre von 1776 bis 1789 enthalten. Bey den von den Geistlichen übergebenen Listen sind von den Katholischen fast nie diejenigen Personen gerechnet worden, welche außer der Stadt leben, aber doch zum Kirchspiele gehören und durchgängig eine größere Zahl als die in der Stadt selbst gehörigen ausmachen; indessen scheint solches von den Evangelisch=Lutherischen und Reformirter, wegen der geringeren Zahl nicht immer so genommen zu seyn; es sind vielmehr zuweilen die Auswärtigen zum Kirchspiele gehörigen mit in diese Stadtlisten gerechnet. Die ältere Listen sind auch nicht so genau im Ganzen, als diejenigen vom Jahre 1776 bis 1789 sind. Wegen dieser Unzuläßigkeit habe ich auch keine mehrere abschreiben wollen.

Bey

der Stadt Bochum.

Im Jahre	Bey der katholischen Gemeine.			Bey der lutherischen.			Bey der reformirten.		
	Getr. Paar	Geboh-ren.	Gestor-ben	Getr. Paar	Geboh-ren	Gesto-ben	Getr. Paar	Geboh-ren	Gestor-ben
1700	4	20	23	7	19	22	1	3	8
1701	9	24	37	6	21	16	3	3	6
1702	7	38	31	4	21	17	1	6	2
1703	8	29	27	6	12	15	3	6	12
1704	7	28	24	4	26	16	2	9	5
1705	4	24	20	8	19	16	1	7	5
1706	9	19	18	6	18	26	=	10	5
1707	3	29	26	5	16	20	2	8	1
1708	13	24	24	5	14	23	2	4	9
1709	4	25	25	3	18	30	=	3	6
1710	3	28	25	7	11	16	1	4	7
1711	4	22	29	10	15	28	1	7	7
1712	9	22	20	8	19	21	3	6	5
1713	4	19	30	11	35	31	1	8	5
1714	9	22	23	5	21	12	=	7	3
1715	7	22	25	5	15	18	1	7	2
1716	8	21	30	3	25	21	1	3	5
1717	4	30	21	4	16	16	1	9	2
1718	12	29	42	5	17	22	=	5	7
1719	5	29	16	6	30	13	1	8	6
1720	8	24	32	5	21	14	2	8	8
Summa	141	528	548	123	411	413	27	131	116

Die Summa aller getrauten Paare ist   291
= = = = gebohrnen ist   = 1070
= = = gestorvenen ist   = 1077

Es hätte sich also die Menschenmenge hieselbst in gedachten 20 Jahren um 7 Personen vermindert, wenn nicht, wie ich glaube, die Listen unrecht angegeben wären.

Die

128 Vom ehemaligen und jetzigen Zustande

Die folgenden Jahreslisten von der Stadt sind jedesmal vom Adventtage des neuen Jahrs bis zum folgenden Advent gerechnet.

Gemeine	Getr Paar	Gebohren Männliche ehelich	Gebohren Männliche unehel	Gebohren Weibliche ehelich	Gebohren Weibliche unehel	Gestorben mänl	Gestorben weibl	Communikanten mänl	Communikanten weibl	
Reformirte	1	1	=	=	=	1	2	37	48	Vom Jahre
Lutherische	3	6	=	4	=	9	5	135	163	1776 bis 1777
Katholische	9	14	=	8	1	6	5	271	291	
Summa	13	21	=	12	1	16	12	443	502	
Militairstand so dem Feldprediger angezeigt ist	3	4		1						
Reformirte	=	3	=	1	=	1	=	38	48	Vom Jahre
Lutherische	2	9	=	7	=	5	7	141	167	1777 bis 1778
Katholische	3	10	1	6	=	3	5	252	294	
Summa	5	22	1	14	=	9	12	431	509	
Militairstand	1	3	=			3	3			
Reformirte	=	=	=	2	=	3	2	34	38	Vom Jahre
Lutherische	4	4	=	6	=	6	5	133	159	1778 bis 1779
Katholische	7	16	2	14	=	8	7	228	285	
Summa	11	20	2	22	=	17	14	395	482	
Militairstand	1	1	=	1	=	3	2			
Reformirte	2	1	=	1	=	1	2	55	30	Vom Jahre
Lutherische	4	10	1	3	=	8	12	135	160	1779 bis 1780
Katholische	7	19	=	6	=	9	12	256	280	
Summa	13	30	1	10	=	18	26	440	470	
Militairstand	2	8	=	4	=	1	2			
Reformirte	1	1	=	=	=	2	3	25	32	Vom Jahre
Lutherische	8	10	1	3	=	15	11	134	158	1780 bis 1781
Katholische	5	1	1	5	=	5	14	260	285	
Summa	14	20	2	8	=	22	28	419	475	
Militairstand	2	6	=	3	=	2	1			
Reformirte	1	2	=	1	=	1	2	14	16	Vom Jahre
Lutherische	9	9	=	6	=	9	8	137	159	1781 bis 1782
Katholische	4	1	1	11	1	8	5	262	289	
Summa	4	22	1	18	1	18	15	413	464	
Militairstand	4	5	=	5	=	2	2			

der Stadt Bochum.

Gemeine	Getr. Paar	Gebohren Männliche ehelich	unehe	Weibliche ehelich	unehel	Gestorben männl.	weibl.	Communikanten männl.	weibl.	
Reformirte	2	1	=	1	=	3	3	34	48	Vom Jahre
Lutherische	7	12	=	9	=	10	1	136	161	1782 bis 1783
Katholische	1	12	1	15	=	9	5	264	286	
Summa	10	25	1	25	=	22	9	434	495	
Militairstand	5	2	=	6	=	2	2			
Reformirte	4	3	=	1	=	2	=	36	54	Vom Jahre
Lutherische	2	11	=	7	=	8	13	131	159	1783 bis 1784
Katholische	8	17	1	8	2	8	8	270	290	
Summa	14	31	1	16	2	18	21	437	503	
Militairstand	=	7	=	3	=	3	=			
Reformirte	1	2	1	3	=	=	2	38	52	Vom Jahre
Lutherische	3	6	1	11	1	10	4	133	158	1784 bis 1785
Katholische	4	6	1	8	=	7	6	273	292	
Summa	8	14	3	22	1	17	12	444	502	
Militairstand	1	2	1	2	=	=	=			
Reformirte	1	4	=	4	1	1	2	39	53	Vom Jahre
Lutherische	3	6	=	9	=	8	5	135	157	1785 bis 1786
Katholische	2	8	=	8	=	4	9	275	292	
Summa	6	18	=	21	1	13	16	449	502	
Militairstand	2	5	=	1	=	2	=			
Reformirte	3	1	=	2	=	2	6	38	50	Vom Jahre
Lutherische	4	5	=	10	=	5	14	136	155	1786 bis 1787
Katholische	8	9	1	11	2	16	16	275	294	
Summa	15	15	1	23	2	23	36	449	499	
Militairstand	1	5	=	7	=	3	2			
Reformirte	1	5	=	1	=	3	1	38	50	Vom Jahre
Lutherische	1	8	=	4	=	5	13	131	154	1787 bis 1788
Katholische	7	14	=	11	=	7	8	278	297	
Summa	9	27	=	16	=	15	22	447	501	
Militairstand	3	5	=	2	=	4	=			
Reformirte	=	2	=	=	=	=	1	40	52	Vom Jahre
Lutherische	5	11	=	10	=	8	9	133	153	1788 bis 1789
Katholische	6	11	=	6	=	7	7	279	299	
Summa	13	27	=	16	=	15	17	452	504	
Militairstand	1	8	=	3	=	2	1			

N. Westph. Mag. Heft 6.   R   Die

Vom ehemaligen und jetzigen Zustande

Die Summe aller in diesen gedachten 13 Jahren in der Stadt getrauten, ausgenommen den Militairstand, macht 145 Paare. Der Gebohrnen waren 536, nemlich 305 Söhne und 231 Töchter. Der Gestorbenen waren 463, worunter 223 männlichen und 240 weiblichen Geschlechts sind. Unter den Gebohrnen waren 21 Uneheliche, nemlich 13 Söhne und 8 Töchter. Vom Militairstande wurden getraut 26 Paare und gebohren 102 Kinder, nemlich 61 Söhne und 41 Töchter, unter welchen ein unehlicher Sohn war; es starben 46 Personen, nemlich 27 männlichen und 19 weiblichen Geschlechts. Weil nun die Zahl der sämtlichen Gebohrnen, den Militairstand eingeschlossen, ausmacht 638; die Zahl der Gestorbenen aber nur 509 ist; so hat sich seit dieser Zeit die Menschenmenge mit 129 Personen vermehrt.

§. 27.
Accise und Consumtion.

Die Accise bedienen hieselbst: ein Inspektor, ein Waageschreiber, ein Visitator, ein Acciseausreuter und 5 Thorschreiber. Ehe die Accise eingeführt wurde brachte die Stadt jährlich, als eine Contribution ohngefähr 1300 Rthlr. auf. Im J. 1717 wurde hieselbst die Accise eingeführt, und seitdem war nach einem 6jährigen Durchschnitte der Ertrag 4392 Reichsthaler. Auch diese Acciseeinnahme hat sich nach und nach vergrößert, und besonders nach dem siebenjährigen Kriege bis zu 5300 Rthlr. verhöhet, welche auch jetzt noch wirklich einkommen. Besonders kommen dazu noch die Servisgelder, welche über 500 Rthlr. betragen. Wenn endlich noch die Tobacksbeytragsgelder dazu gerechnet werden, so bringet die kleine Stadt jährlich mehr als 6300 Rthlr. auf.

Es werden jährlich versteuert und in der Stadt consumirt

1200 Scheffel Weizen zum Backen.
6500 Scheffel Rocken zum Backen.
1800 Scheffel Malz zu Bier.
2000 Scheffel Weizen und Rocken zu Brandtwein.
70 bis 80 Ohm Wein.
150 bis 170 Kühe zum Schlachten.
500 bis 550 Kälber
450 bis 500 Schaafe   } zum Schlachten.
350 bis 400 Schweine

§. 28.

Die Kette der Bochumer Bürgerschützen (der heutigen Maiabendgesellschaft) mit der ältesten Plakette von 1772.

Stadtarchiv Bochum.

§. 28.
Gewohnheiten, besondere Gebräuche und Zeitvertreibe.

Unter die besonderen hiesigen Gebräuche rechne ich zuerst die sogenannten **Fohrgänge**, welche theils zum Vergnügen, theils und besonders dazu dienen, damit den jungen Bürgern die Grenzen der Stadtmark genau bekannt werden. Sie wurden in ältern Zeiten alle **20 Jahr**, oder wenigstens so oft ein neuer Schultheiß gemacht wurde, gehalten, damit den Bürgern die Grenzen ja nicht aus dem Gedächtniß kämen. Es versammlete sich alsdenn die ganze Bürgerschaft, Vornehme und Geringe, zu einem förmlichen Aufzuge. Sie zogen mit Trommeln und Musik, fliegenden Fahnen und Ober= und Untergewehr versehen, feyerlich zur Stadt heraus, und umgiengen das ganze Stadtgebiet bis an die äußerste Grenzen rundumher. Dies währte zwey Tage lang. Von der ganzen Reise ward vom Magistrate ein ordentliches Protokoll gehalten, worin alle bewandelte Wege und die Abentheuer, welche ihnen während des Zuges aufstießen, sehr umständlich und genau bemerkt und aufgezeichnet wurden. Es ist nun seit ungefähr 40 Jahren kein Fohtgang hieselbst geschehen.

Ferner gehöret hieher die **Abholung des Maybaums**. Seit undenklichen Jahren hatten die Bürgerjunggesellen das Recht, in einem, eine Stunde weit von der Stadt gelegenen Walde in der Bauerschaft Harpen gelegen, das Bockholt genannt, den besten Baum einmal im Jahre zu wählen, welchen sie den **Maybaum** nannten. Sie hieben denselben um, brachten ihn in die Stadt, machten einem Vornehmen damit ein Geschenk und erhielten dafür ein besseres Gegengeschenk an Gelde zur Verzehrung. Bey der Abholung des Baums mußten, wenn die Junggesellen nicht ihres Rechts verlustig seyn wollten, immer folgende Umstände genau beobachtet werden: Die Junggesellschaft mit ihrem Hauptmanne und übrigen Officieren zog mit Trommeln, Pfeiffen und Fahnen am ersten May des Morgens in guter Ordnung aus. Schon seit drey Tagen vorher, wurde diese vorzunehmende Handlung mit Trommelschlag und Ausruf in der ganzen Stadt, täglich dreymal bekannt gemacht und alle Jünglinge aufgefordert sich zeitig genug am Quartier des Hauptmanns zu versammlen, um den Maybaum zur rechten Zeit zu holen.

132 Vom ehemaligen und jetzigen Zustande

holen. Sobald sie sämtlich im Walde angekommen waren, wurde der Baum gefällt und auf einem mitgebrachten Wagen geladen. Dieser durfte nicht mit Pferden gezogen werden, sondern die Junggesellen spanneten sich vor und zogen ihn, da mitlerweile die Trommelschläger und Musikanten sich auf den Baum schrittlings setzten und mitziehen ließen, und unter dem Fortfahren wacker lärmten und spielten. Vor Sonnenuntergang mußte der Wagen mit dem Baume schlechterdings in dem Gebiete der Stadt, innerhalb der Landwehre seyn. Wenn sie ihn soweit glücklich gebracht hatten, dann entstund ein lauter Jubel. Auf eben diese Weise wurde derselbe vollends in die Stadt durchs Beckthor gezogen, und keiner durfte sich weigern Hand anzulegen. Wer Schwierigkeit machte, nicht mitzuziehen, oder durch Wasser und Koth zu gehen, bekam nicht allein von der künftigen Zeche nichts, sondern man tauchte ihn mit starker Hand ins Wasser. Eine nasse Zeche erquickte die müde Gesellschaft so bald sie den Baum an Ort und Stelle hatten. Es giengen oft dabey Unordnungen vor, und deswegen hat man diesen sonderbaren Gebrauch vor etwa 20 Jahren abgeschafft; dagegen muß die Dorfschaft, welcher das Bockholz gehört, jährlich der Junggesellenschaft 8 Rthlr. Berl. Cour. bezahlen. Dieses Geld holen sie noch immer am Maytage, vom Vorsteher jener Dorfschaft, mit Trommel und Spiel, in einem feyerlichen Aufzuge ab, und drey Tage vorher wird schon die Junggesellschaft vom Hauptmann zu dieser Abholung vorläufig durch den Trommelschlag eingeladen. Das Geld wird, wie leicht zu denken ist, von ihnen verzehrt. Es ist übrigens unbekannt woher dieser Gebrauch rühre. Einer Sage zufolge soll er gar aus der Zeit der ersten Grafen von Bochum stammen, welche den jungen Bürgern oder Opidanern einen Baum jährlich, bis zu ewigen Zeiten geschenkt. Der Wald soll damals den Grafen eigenthümlich gehört und den Namen Bockholt vom alten Grafen Cobbo haben, und ursprünglich Cobbosholz oder Cobboniswald bedeuten.

Zuweilen üben sich die jungen Leute auch im **Scheibenschiessen**. Sie haben deswegen, so wie an mehrern Orten gebräuchlich, einen großen silbernen Vogel, welchen der Junggesellenhauptmann in Verwahrung hat, und an den jeder Schützenkönig eine silberne Platte hängen muß. So bald

der Stadt Bochum.

bald einer König geworden ist, wählt er sich eine Schöne zur Königin; diese wird von 2 Officiren abgeholt, und der König hält mit ihr siegreich seinen Einzug in die Stadt. Jedes Frauenzimmer bindet ihm ein seidenes Band an, und so wird er aufs Rathhaus geführet, wo alsdenn die Gesellschaft das Recht hat eine Zeitlang zu tanzen.

Die übrigen Volksgebräuche bey Ehen, Kindtaufen, Begräbnissen u. s. w. sind denen in der ganzen Provinz gewöhnlichen gleich.

Die vornehmere Klasse der Bürger hat gemeiniglich des Winters wöchentlich einen Tag angesetzt, wo sie entweder in ihren eigenen Häusern wechselsweise des Abends zusammenkommen, oder sich auch an einem dritten Orte versammlen, um sich zu vergnügen. Die Liebhaber der Lektüre haben auch eine Lesegesellschaft seit einigen Jahren errichtet.

§. 29.
Bürgerschaft.

Einer, der Bürger hieselbst werden will, muß sich binnen Jahr und Tag beym Magistrat melden; wenn er hierin säumig ist, wird er durch scharfe Mittel dazu angehalten. Wenn er der Sohn eines Bürgers ist, so gab er ehmals, als ein Accidens für die Magistratsglieder, einen Raderschilling, dessen Werth 3 Stüber war; hatte er diese Münze in natura nicht, so zahlte er dafür einen Schilling oder 7½ Stüber. Jetzt muß ein solcher einen Reichsthaler zur Kämmereykasse geben, zugleich einen Feuereimer liefern und den Bürgereid schwören. Der Inhalt dieses Eides ist: „Daß, nachdem er sich zu dieser Stadt Bürgerschaft begeben, „er dem Hofe von Bochum, einem zeitlichen Schultheissen, Bürgermei„ster und Rath, getreu und hold seyn, Ihrem Gebot und Verbot getreu„lich und fleißig nachkommen und gehorsam seyn, die Pflichttage, wenn „dieselben publicirt, so viel möglich in Acht nehmen, auch der Stadt und „ganzen Gemeine Bestes, nach allem Vermögen versehen helfen, der „Stadt und gemeinen Bürgerschaft löbliche Freyheiten, Privilegien, gut „alt Herkommen, löbliche und alten Gebräuche, so viel möglichst, bestä„tigen helfen, auch seinen Mitbürgern nichts unterwinnen, unterkaufen, „noch ohne Wissen und Willen unterstecken, sondern jederzeit wie einem „getreuen Mitbürger gebührt sich verhalten und daran nichts versäumen „noch vernachläßigen wolle. So wahr ihm ꝛc.

134 Vom ehemaligen und jetzigen Zustande

Ein nicht eingebohrner Städter, welcher sich als Bürger angiebt, bezahlt an die Kämmerey, nach dem Verhältniß seines Vermögens, Gewerbes und anderer Umstände, 5 bis 10 Rthlr. Ein Ausländer giebt weniger und bekommt noch wol einige Freyjahre von bürgerlichen Lasten. Diese bestehen außer den sogenannten nachbarlichen Lasten darin, daß sie die Wege vor der Stadt, so weit solche nicht gepflastert sind, ausbessern; die Steine welche zum Behuf des Stadtpflasters gebrochen worden aufladen; Thurmwachten thun; Gefangene bewahren und transportiren u.s.w. Dafür hat der Bürger, außer den allgemeinen Freyheiten, die freye Weide für sein Vieh auf der Veude; Er kann auch frey sein Gewerbe treiben, weil keine Gilden vorhanden sind, mit welchen er sich abzufinden nöthig hätte, blos die Glasergilde ausgenommen, welche allgemein in der Provinz ist. Es hat auch die Bürgerschaft ihre freye Jagd, ob gleich solche gegenwärtig nicht viel geübt wird. Die übrigen Vortheile eines hiesigen Bürgers sind in dem Stadtprivilegium und in der Polizeyordnung benannt.

§. 30.
Stadtsobrigkeit.

Die Stadtsobrigkeit besteht aus dem Schultheissen und aus den Bürgermeistern und Rathsherren. Für den ersten gehören alle Justizsachen, und für letztern alle Polizeysachen.

Schon in sehr alten Zeiten hatte die Stadt ihren Schultheissen, welcher nahe beym Schlosse, oder gar in den Ringmauern desselben, eine eigene freye Wohnung hatte, wo dieselbe noch ist. Laut der §. 9. N. 1. befindlichen alten Nachricht, war schon im Jahre 1289 Gyselbert Specke Schultheiß hieselbst. Vorzeiten wurde dies Amt keinem gegeben als demjenigen, welchen der Magistrat dazu in Vorschlag gebracht hatte. Nunmehr ist seit langer Zeit diese Bedienung ein königliches Erbbehandigungsgut. Es gehören außer dem Schultheissenhofe oder der Wohnung bey der Renthey, ansehnliche Ländereyen und sonstige Grundstücke dazu, wovon jährlich ein Canon von 52 Rthlr. an die königliche Renthey bezahlt wird. Es kam dieses Erbamt auf die Familie von Bodelschwing; am Ende des 16ten Jahrhunderts war noch Johann von Bodelschwing Schultheiß von Bochum. Von dieser

Friedrich Heinrich von Essellen, 1780—1805 letzter Verwalter des Schultheißenamtes in Bochum, und seine Ehefrau Dorothea von Mallinckrodt.

Fotos, Stadtarchiv Bochum.

Der "Essellensche Hof", vor den Toren der Stadt am Hellweg gelegen.

Ausschnitt aus dem Kortumschen Stadtplan von 1790.

der Stadt Bochum. 135

ser kam es auf die **Elbersche**, demnächst auf die **von Esselenische**, und zuletzt auf die **von Grolmannsche** Familie, welche leztere es noch als Eigenthum besizet; es wird aber von dem Herrn **Friederich Henrich Diedrich von Essellen**, Herrn zu **Kringeldanz und Kramwinkel** und **Königlich Preußischen Justizrath**, auch **Landrichtern** hieselbst, verwaltet. Bey diesem Schultheißengerichte oder Stadtgerichte ist ein besonderer Gerichtschreiber, wie auch ein Gerichtsdiener. Die für dieses Gericht gehörige besondere Sachen sind theils in dem §. 9. N. 2. befindlichen Privilegium vom Grafen Engelbert, theils in der Polizeyordnung, welche nachher im Auszuge folgen wird, enthalten.

Auch Bürgermeister und Rath sind schon vor langer Zeit, und seitdem Bochum eine Stadt geworden ist, vorhanden gewesen. Im mehrmals angeführten Engelbertschen Stadtprivilegium vom J. 1321 wird schon des Stadtraths gedacht. Im Verbunde Grafmärkischen Ritterschaft und einiger Städte im Jahre 1426 traten **Bürgermeister, Rath und Bürger der Stadt to Boykem** bey *). Auch in dem 1437 geschlossenen Vertrage zwischen Herzog Adolph von Cleve und Gert von Cleve, haben **Bürgermeister und Rath von Boykem** nebst andern Städten mit gesiegelt. **)

Das ganze Rathskollegium besteht aus zwey Bürgermeistern, zwey Rathsherren, einem Sekretair und einem Kämmerer. Ehmals wurden die Bürgermeister jährlich an dem sogenannten Churtage gewählt; jezt ist diese Würde beständig.

Der jezige erste oder dirigirende Bürgermeister ist Herr **Georg Friederich Jacobi**; der zweyte Bürgermeister ist Herr **Wilhelm Flügel**; der erste Rathsherr ist **Herr Johann Ernst de Boy**; der zweyte Rathsherr ist **Herr Moriz Diedrich Kampmann**; Sekretair, Kämmerer und zugleich Stadtsgerichtschreiber und Postmeister ist jezo **Herr Johann Christoph Ecker**. Der Rath hat auch einen besondern Diener zur Vollziehung seiner Befehle. Die Zusammenkünfte des Raths geschehen wöchentlich einmal und im Nothfall noch öfters.

Die

*) Dieser Verbund ist im ersten Theile der von Steinenschen Westphäl. Gesch. Seite 491 zu lesen.   **) Ebendaselbst Seite 491.

136 **Von der Stadt Bochum.**

„Die Rathsglieder müssen bey dem Antritt ihres Amts schwören „dem Könige ihren allergnädigsten Landesherrn, wie auch dem Hof von „Bochum treu und hold zu seyn, der Stadt, ganzen Bürgerschaft und „Gemeinheit getreue und fleißige Bürgermeister (Rathsglieder) zu seyn, „ihre Ehre, Würd, Nothdurft und gemeinen Nutzen jederzeit zu befördern, „betrachten und wissentlich nicht zu versäumen, wenn etwas vorkäme was „sie nicht wissen oder verstehen und daran ichts gelegen ist, dem Rath „förderlichst vorzubringen, was daselbst beschlossen und verhandelt ge= „heim zu halten und keinem zu offenbaren, sondern daran zu seyn, daß „solches ohne allen Verzug und ungeändert vollzogen werde, dieser Stadt „löbliche Freyheiten, Statuten, Satzungen, Ordnungen, Friede, Recht „und Gerechtigkeiten zubefördern und zu verthädigen und sonst alles an= „dre, was einem getreuen Bürgermeister (Rathsgliede) zu thun gebührt „und wohl ansteht nach seinem besten Verstande, Fleiß und Vermögen „zu handeln, thun und auszurichten, auch darin nicht ansehen zu wollen, „jemandes Freundschaft, Feindschaft, Wiederausgab oder Geschenk in „keinerley Weise, Manier oder Wege, getreulich und ohne Gefährde. „So wahr ꝛc. ꝛc."

Es sind auch zwey Gemeinheitsvorsteher oder Deputanten der Bürgerschaft, imgleichen 10 Brandmeister, und weil die ganze Bürger= schaft in 12 Rotten vertheilt ist, eben so viel Rottmeister da, welche letz= tere in der Nachbarschaft die Verfügungen des Magistrats ansagen, und die Befolgung veranstalten müssen, wofür sie dann von den Bürgerlasten frey sind. Die andern Ober= und Unterbedienten des Magistrats oder Raths werden aus der Kämmereykasse besoldet. Diese Besoldung ist nicht sehr beträchtlich.

Die Fonds der Kämmerey bestehen meisten in demjenigen, was für die Verpachtung des Wegezolls und der Viehhütung an den Wegen her= auskommt. Hierzu kommt das Braukesselgeld, die etwaige Brüchten= strafen, auch das Antrittsgeld der neuen Bürger. Von diesen Einkünf= ten werden auch noch die gepflasterte Wege und öffentliche Gebäude im Stande erhalten und sonst öffentliche zum Besten der Stadt dienende Aus= gaben bestritten.

(Der Beschluß künftig.)

Beschluß der Nachricht vom ehemaligen und jetzigen Zustande der Stadt Bochum.

§. 31.
Polizeyanstalten.

Feueranstalt. Für entstehende Feuersnoth sind 2 gute metallene Sprützen, nemlich eine Stoß- und eine Schlangensprütze in dem Sprützenhause, auch sonst noch 24 hölzerne Sprützen vorhanden. Auch sind hier 20 Leitern, wovon 7 sehr groß sind und im Thurme aufbewahrt werden; ferner 307 große und kleine Feuerhaken und 336 Feuereimer, welche zum Theil auf dem Vorzimmer des Rathhauses hängen. In diesem 1790sten Jahre sind noch 2 große auf Schlitten stehende Wasserküfen angeschaft worden, welche zur geschwinden Herbeyführung des Wassers, an den öffentlichen Brunnen stehen. Die Brandmeister haben bey der Feuersnoth die Aufsicht und die am Hellwege wohnende Bürger müssen die vorzügliche Hülfe beym Brande immer leisten, wofür sie von Thurmwachten frey sind. Die hieselbst zur Feuersocietät eingetragene Gebäude machen an der Zahl 378 aus, und das Feuersocietätsassecurationsquantum beträgt hieselbst überhaupt 40185 Reichsthaler.

Reinlichkeit. Die Straßen, welche von dem vielen Vieh sehr verunreinigt werden, werden gemeiniglich des Sonnabends, und bey schmutziger Witterung noch öfters, gekehrt. Jeder Bürger muß solches vor seiner Thür thun. Vormals waren viele Misthaufen an den Straßen, welche jetzt zum Theil weggeschaft sind, theils noch weggeschaft werden.

Steinpflaster. Für Ausbesserung des Steinpflasters auf Kosten der Kämmerey wird gesorgt. Es ist solches wegen der vielen Passage oft schadhaft.

Bettlerwesen. Um dem unverschämten Bettlerwesen Einhalt zu thun, ist ein Armenjäger bestellt, welcher die Fremden von den Thüren zurückhält: denn es hat sich die Bürgerschaft zu einem jährlichen gewissen Beytrage verbunden; aus dieser Kasse wird den fremden und einheimischen Almosen gereicht. Die Stadtarmen bekommen außerdem, von besondern Einkünften, jährlich viermal Geld und Leinwand. Korn und

190 **Vom ehemaligen und jetzigen Zustande**

andre Bedürfnisse werden auch in besondern Fällen auf Kosten der Armenprovisorey gegeben. Fremdes Gesindel wird nach Befinden weggejagt oder arretirt, und deswegen werden zuweilen die verdächtigen Häuser des Abends untersucht. Fremde Juden werden ohne Paß des Nachts nicht geduldet.

Brauwesen. Oeffentliche Brauhäuser sind nicht in der Stadt; es ist aber ein öffentlicher Braukessel da, welcher zu demjenigen gefahren wird, wer brauen will. Dafür muß er jedesmal 30 Stüber an die Kämmerey erlegen. Wer in einem eigenen Kessel braut, bezahlt 15 Stüber. Dieses Geld heißt das Kesselgeld.

Viktualien. Der Preis der Viktualien wird monatlich am Rathhause angeschlagen. Zuweilen werden auch die Becker und Wirthshäuser untersucht, um zu sehen ob alles sein ordentliches Gewicht und gehörige Güte habe. Eine Fleischhalle ist nicht vorhanden; es müssen aber die Juden sich immer auf frisches Fleisch stellen, dessen Güte von einem Gliede des Raths untersucht wird, welches zugleich den Preis davon vestsetzet.

Gesundheitspflege. Obgleich es hier selten ansteckende Krankheiten giebt; so müssen doch in solchem Fall die Stadtärzte dem Provinzialkollegiummedicum davon Bericht erstatten. Arme Kranke werden umsonst vom Arzte bedient, und auf dessen Vorstellung wird solchen Kranken aus den Armenmitteln das nöthige für Arzney und Nahrung gereicht.

Bauanstalten. Daß die öffentlichen und andre Gebäude im guten Stande erhalten, die wüste Stellen bebaut, von den neu zu erbauenden Häusern die Straßen nicht geschmälert und daß die Baugelder gehörig vertheilt werden; dazu ist ein besonders Rathsglied verpflichtet.

Herbergen. An guten Herbergen, sowol für Herrschaften als Geringere, ist hier kein Mangel.

Aufgebot. Bey etwa öffentlichen Feyerlichkeiten, Haltung der Fohrgänge, Ankunft hoher Personen und ähnlichen Angelegenheiten, wird die Bürgerschaft aufgeboten ins Gewehr zu treten; diese hat zu solchem Behuf ihre Fahnen und Trommeln.

Maaß

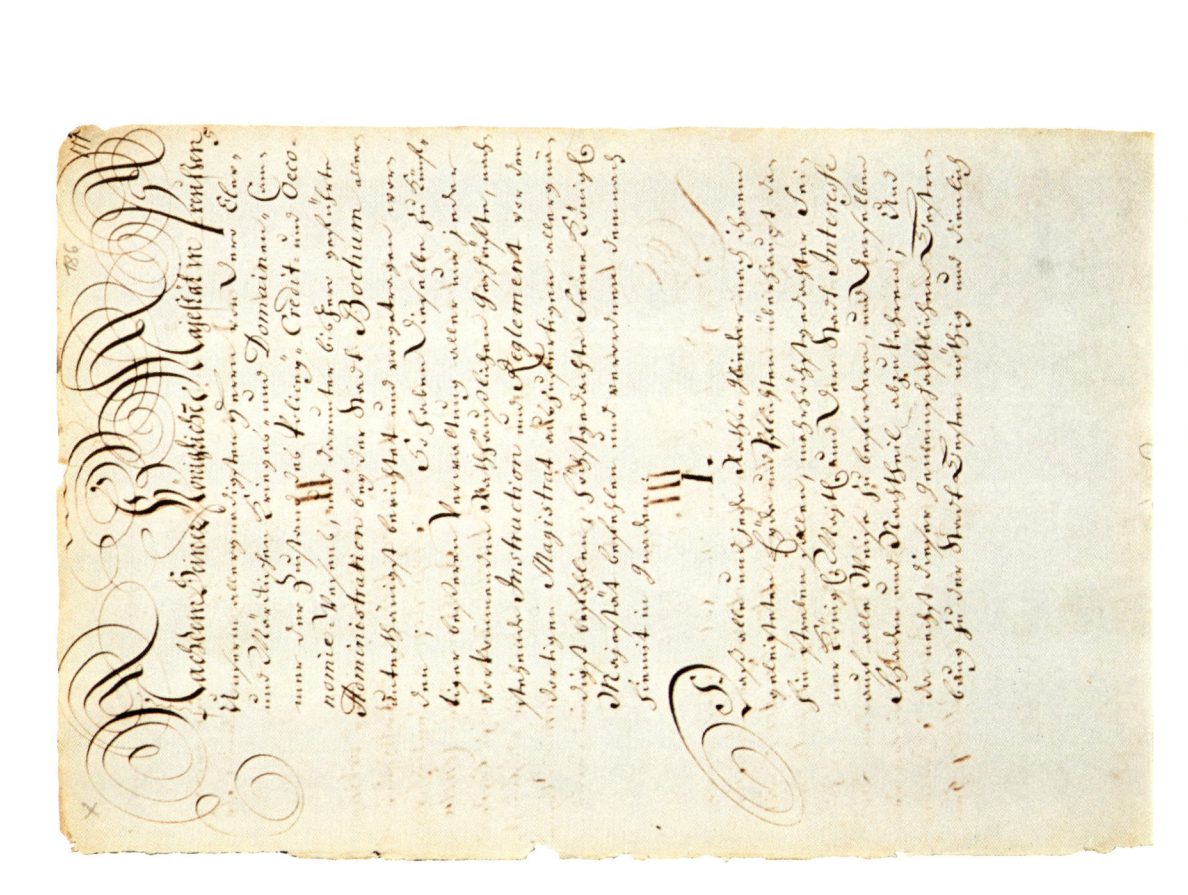

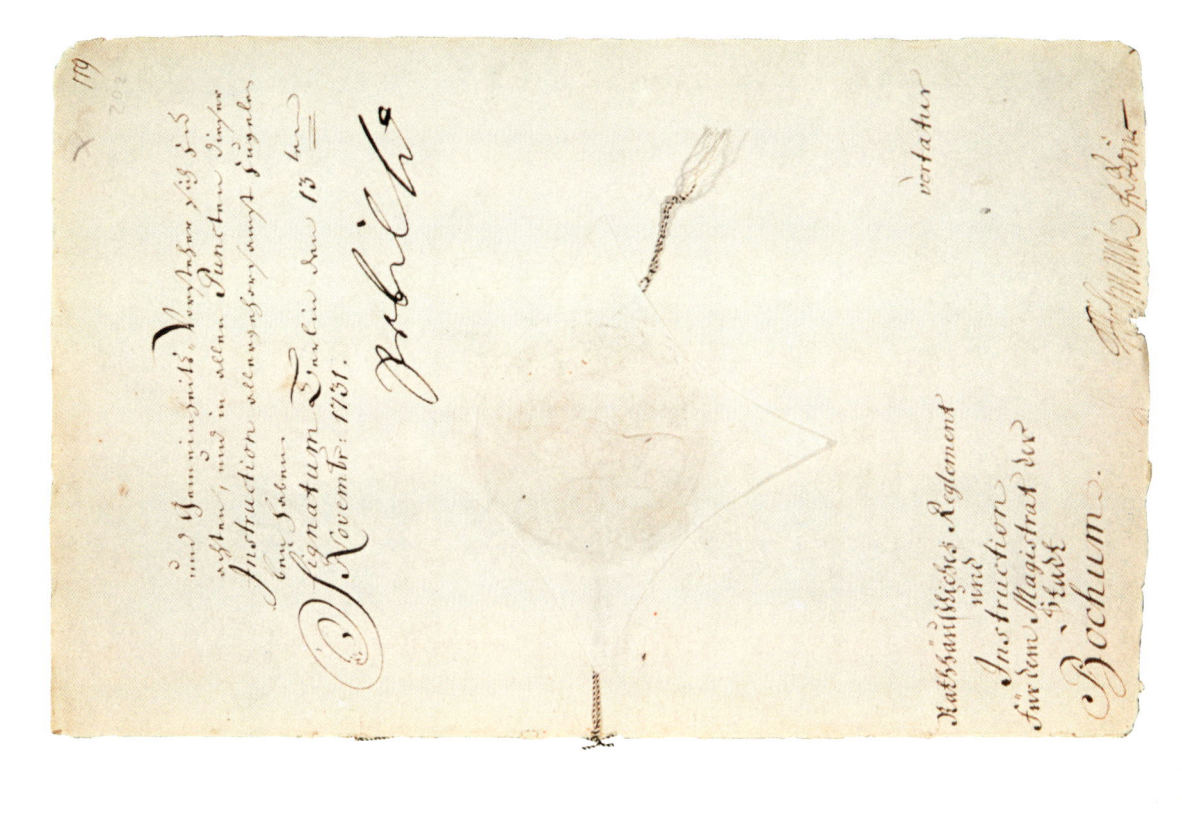

Die 1731 von König Friedrich Wilhelm I. von Preußen erlassene "Rathhäusliche Instruktion" für die Stadt Bochum mit seiner eigenhändigen Unterschrift.

Stadtarchiv Bochum.

der Stadt Bochum. 191

Maaß und Gewicht. Es ist hier ein besonders Kornmaaß, welches das alte bochumsche Maaß genannt wird. Sechs Scheffel dieses Maaßes machen fünf berlinische Scheffel ohngefähr aus. Vormals wurde hier alles Korn nach bochumschen Maaße verkauft und gekauft, dieses ist zwar seit 40 Jahren abgeschaft, und man hat im Handel das berlinische Maaß; die Kornpächte hieselbst werden aber noch immer nach dem alten bochumschen Maaße gegeben. Auch ist hier ein zwiefaches Gewicht im Gebrauch: leichtes oder köllnisches und schweres oder preußisches. Nach dem köllnischen Gewichte wird in den Laden gekauft und verkauft, nach dem schweren oder preußischen Gewichte aber wird alles was zur Accise kommt berechnet; auch müssen die Juden das Fleisch nach schwerem Gewichte verkaufen. Das köllnische Gewicht ist um ein Zehntheil leichter als das preußische.

§. 32.
Rathhäusliche Instruktion.

Der Rath steht jetzt in Polizeysachen unter der königlichen Kammer zu Hamm, und hat sein besonders Reglement oder Instruktion unterm 13. Nov. 1731 von Berlin bekommen. Der kurze Inhalt davon ist folgender:

1) Alle Rathsglieder sollen ihrem Eide gemäß, das Beste des Königs und der Stadt befördern, und jedem Gliede soll seine besondere Verrichtung angewiesen werden.

2) Der erste Bürgermeister soll den Rath zusammenberufen, die Vorträge thun und die Protokolle abfassen. Er hat besonders die Aufsicht über Polizey- Credit- und Oekonomiewesen der Stadt.

3) Der zweyte Bürgermeister hat unter Beystand des ersten Rathsherrn, Einquartirungen und Servis zu reguliren, auch als Polizeyherr und Marktmeister die Taxen über Viktualien zu verfertigen und auf richtiges Maaß und Gewicht Acht zu geben.

4) Der erste Senator soll als Bauherr auf Stadtgebäude, Dämme, Brücken, Graben und Wege Acht geben, und wo Verbesserung nöthig ist, solches dem ersten Bürgermeister anzeigen, damit in pleno darüber berathschlagt werde. Er hat auch nebst den Gemeinheitsvorstehern die

Bb 2

192 Vom ehemaligen und jetzigen Zustande

Aufsicht über die Grenzen der Stadt und Gerechtsame der Hude und Weide, muß auch dem zweyten Bürgermeister beym Einquartirungs- und Serviswesen assistiren.

5) Der zweyte Senator ist Feuerherr, muß mit Zuziehung der Brandmeister auf die Feuerrüstungen Acht geben, und sich bemühen, daß der Feuerordnung überall gemäß verfahren werde. Er muß auch dem Kämmerer als Kontrolleur assistiren.

6) Der dritte Senator, so zugleich Kämmerer ist, muß die Stadtseinkünfte in Empfang nehmen, und dem Commissario loci und Magistrate berechnen.

7) Der Secretarius muß alle rathhäusliche Verrichtungen protokolliren und registriren, auch das Archiv in Ordnung halten.

8) Die Gemeinheitsvorsteher müssen den Nutzen der Bürgerschaft beäugen, auf Gebäude, Wege, Straßen u. dergl. Acht geben und die Arbeiter antreiben.

9) Montags und Donnerstags soll Rath gehalten, derselbe von allen Gliedern fleißig frequentirt werden, und auch bey außerordentlichen Convocationen keiner ohne Noth ausbleiben, bey Geldstrafe, welche der Kämmereykasse zufließt, und unter dem Namen der Neglectengelder berechnet wird. Die Hälfte davon sollen Präsentes zur Ergözlichkeit genießen.

10) Die Berechnung der Einkünfte soll nach einem besondern Schemate geschehen.

11) Alle Gefälle und Stadtbrüchten sollen in die Kämmerey ohne Abkürzung gebracht, und das Fundament jedes Tituli der Einnahme mit Belegen justificirt werden.

12) Alle Ausgabeposten müssen mit Anweisungen und Quitungen belegt werden.

13) Der Kämmerer soll mit Empfang und Auszahlung allein zu thun haben.

14) Dem Kämmerer soll nicht gestattet werden einige zu erhebende Kämmereygefälle in Rest zu bringen. Wenn etwa einige inexigible scheinen möchten, so soll er solche vor Schluß der Rechnung dem Magistrat bekannt machen, welcher die Beschaffenheit untersuchen und dem Commissa-

der Stadt Bochum.

missario loci einsenden soll. Für die ex Negligentia des Rendanten entstandene inexigibilitæt der Reste muß er selbst haften.

15) Die Bürgermeister für sich allein sollen in Stadtsökonomie- und Geldsachen nichts thun; sondern alles in pleno vorbringen, und Sachen von Wichtigkeit sollen an den Commissarium loci berichtet werden. Nicht Bürgermeister und Kämmerer allein, sondern der ganze Magistrat soll für Einnahme und Ausgabe haften. Das ganze Collegium magistratus muß also auf die Verwaltung der Rendanten Acht geben, und sich, zu ihrer eigenen und der Stadt Sicherheit, von dem Kämmerer eine hinreichende Caution leisten lassen.

16) Dem ersten und in dessen Abwesenheit dem zweyten Bürgermeister wird das Stadtssiegel anvertraut.

17) Sämtliche Magistratspersonen und Gemeinheitsvorsteher sollen ein zureichendes Gehalt haben, welches ihnen quartaliter von dem Kämmerer gegen Quitung bezahlt wird.

18) Alle Kämmereygefälle, welche die Magistratsglieder und der Stadtschultheiß vorhin pro parte salarii genossen, und wofür dem Lezteren ein Salarienetat fürs Künftige ein Gewisses beygesetzt ist, sollen bey der Kämmerey richtig in Einnahme berechnet und alle Schmausereyen und Depensen bey Zusammenkünften abgeschaft werden.

19) Prozesse sollen so viel möglich vermieden, und kein Prozeß, dessen Fundament nicht erst cum specie facti der Kriegs- und Domainenkammer referirt und darauf zur Führung des Prozesses speciale Erlaubniß ausgebracht worden, angefangen werden. Cura davon ist allein dem märkischen Fiskal als communi civitatum defensori aufzutragen. Kein anderer Advokat soll zu diesem Behuf angenommen werden. Uebrigens bleibt es in vorkommenden Civil- und Fiskalischen Sachen und deren Administration vom zeitlichen Stadtschultheiß nach der bisherigen Observanz und ergangenen königlichen Verordnungen.

20) Dem Magistrate wird stark eingebunden, die geschlossene und attestirte Kämmereyrechnung bey Ausgang des Jahrs den Gemeinheitsvorstehern, nebst Belegen und Quitungen, 2 oder 3 Tage vorher vorzulegen, und deren Monita auf dem Rathhause zu Papier zu bringen. Demnächst soll selbige vom Commissario loci, bey versammleten ganzen

Vom ehemaligen und jetzigen Zustande

zen Magistrate und Gemeinheitsvorstehern revidirt, gegen die vorjährige Rechnung conferirt, mit den Belegen und Quitungen nachgelegt, die von den Vorstehern gemachte Erinnerungen reexaminirt, monita darüber gemacht und die befundene Richtigkeit mit des Commissarii, sämmtlicher Rathsglieder und Gemeinheitsvorsteher Unterschrift attestirt werden. Ein Exemplar davon wird demnächst in der Registratur aufgehoben, ein anders dem Rendanten gegeben.

21) Der Ueberschuß bey der Kämmereyrechnung soll zur Reluition der veräußerten Stadtpertinentien, zu Tilgung der Schulden und sonstigen Besten der Stadt verwandt werden. Bey Strafe der Suspension, Cassation und fiskalischen Inquisition, wird also dem Magistrate eine gute Administration und Haushaltung anbefohlen.

Wornach sich Magistrat und Gemeinheitsvorsteher in allen Punkten allergehorsamst zu geleben haben.

Berlin, den 13. Nov. 1731.

Fr. Wilhelm.

§. 33.

Gerichts= und Polizeyordnung der Stadt.

In ältern Zeiten gieng die Appellation vom Stadtgerichte an den Magistrat zu Hamm, und von da ans Hofgericht. Jetzt wird vom Stadtgerichte an die Landesregierung nach Cleve appellirt.

Das Stadtgericht hat seine besondere **Gerichts= oder Polizeyordnung**, welche sie auch die **Statuten** nennen. Diese soll zuerst Herzog **Johann II.** zu Cleve gegeben haben. Das Original davon ist aber nicht mehr vorhanden, wol aber sind Abschriften da, aus welchen erhellet, daß nachher, auf Vorschläge des Magistrats, sie hin und wieder reformirt und durch Zusätze vergrößert worden ist. Sie besteht jetzt aus 46 Artikeln. Bis zum 33sten Artikel sind solche älter. Der 34 und 35ste Artikel sind im Jahre 1678; der 36 und 37ste im Jahre 1687; der 38, 39 und 40ste im Jahre 1690; der 41 und 42ste im Jahre 1695; der 43ste im Jahre 1701; der 44 und 45ste im Jahre 1709; und der 46ste vor etwa jetzt 30 Jahren, zugesetzt worden. Diese Polizeyordnung wurde ehmals jährlich auf dem Kurtage oder

Wahl=

der Stadt Bochum.

Wahltage der Bürgermeister, den Bürgern zur Nachricht vorgelesen. Jetzt achtet man auf diesen Gebrauch nicht mehr.

Der Hauptinhalt davon ist **wörtlich** folgender:

Art. 1. Kein Bürger oder Bauer soll unterm Gottesdienst auf dem Kirchhofe und Markte spatziren, Gespräch halten, Ballschlagen oder sonst spielen; bey Poen von 1 Mark.

Art. 2. Keiner soll auf Sonn- oder Feyertagen in Wirthshäusern, bey der Suppen, Bier oder Brandtwein sich finden lassen, auch kein Wirth soll ihnen etwas zapfen, bey Poen von ½ Mark für jede Person, und die Gäste sollen 1 Mark Brüchten bezahlen. Auch Brautlöften, andre Gastereyen, Kaufen, Verkaufen, Eröffnung der Fellthüren, Brauen, Mühlengehen und Fahren, ist bey Poen von 5 Goldgülden verboten.

Art. 3. Kindtaufen-Schmause sollen eingestellt werden. Kramherr und Frau sollen nur eine Mahlzeit zurichten, worauf nur die Gevattern und 4 nächste Nachbaren, so wie auch Brüder und Schwestern geladen werden. Von sothanen Gästen sollen sie kein Geld oder Geschenk nehmen, weiter als auf der Taufe von den Gevattern. Deren sollen nur nach alter Gewohnheit 3 seyn, bey Poen von 1 Mark für jedes Haupt so über gedachte Zahl ist. Wer von den geladenen Gästen Geld nimt, hat 1 Goldgld. verwirkt.

Art. 4. Keine Hochzeiten sollen erlaubt seyn als nur zur Zeit der Copulation, bey Strafe von 10 Goldgld. Wer auf verbotene Hochzeiten und sonst unter dem Schein eines Gläseressens (worauf nur allein die so Gläser geben eingeladen werden sollen) erscheint, wird nach Willkühr bestraft. Bey erlaubten Hochzeiten soll kein Bürger über 25 Paar Gäste, bey Strafe von 10 Goldgld. baar, laden. Zwey Tage soll auch nur die Hochzeit dauern, am dritten Tage darf keiner als blos die nächsten Verwandten geladen werden. Nach 10 Uhr sollen die Hochzeitsgäste nach Hause gehen, und die Spielleute welche nach 10 Uhr spielen sollen jeder in 3 Mark Brüchten verfallen seyn.

Art. 5. Kein Bürger soll dem andern unterwinnen zu Jahrmalen unterkaufen und für Pfandschilling an sich bringen, unter was Schein

196 Vom ehemaligen und jetzigen Zustande

es wolle, es wäre denn Sache, daß Pächtiger, der die Ländereh im Brauch hatte, die Pfenninge, so der Erbherr darauf zu nehmen gefallen thut, nicht erlegen will; bey Poen von 5 Mark, so wol für Pächtiger als Pachtherr. Sothane Handlung soll dabey kraftlos seyn, es wäre denn ein Erbkauf darauf erfolgt, auf den Fall dennoch dem Pächter die gewonnene Jahre, seine beweisliche Fettung oder Besserung, für die gewöhnliche Pacht auszuschließen verstattet werden. Hierunter sollen sowol die Einwohner dieser Stadt ohne Unterscheid, als auch die Bürger verstanden werden, und soll den Bürgern in Kaufen und Gewinnen der Vorzug vor den Einwohnern gebühren.

Art. 6. Keiner soll Contrakte nach dem Trunk und Zechen machen, und ein Contrakt beym Trunk gemacht soll dennoch gehalten werden, wenn auch Partheyen trunken gewesen; bey Poen von 5 Mark.

Art. 7. Heimliche Erbkäufe unter Prätex der Pfandschaft, so daß Verwandte wegen ihres Vernäherungsrechts defraudirt werden, sind verboten, und den Verwandten soll keine Zeit zur Näherung laufen, bis daran sie solches in Erfahrung gebracht, und nach solcher Wissenschaft sollen sie 1 Jahr und 6 Wochen zu Erlegung des Kaufschillings Frist haben.

Art. 8. Des Scheltens und Schmähens soll sich jeder enthalten, bey willkührlicher Strafe. Selbst wenn der diffamatus mit dem vorgeworfenen Laster notorie behaftet wäre, soll doch der Diffamant in die Strafe verfallen seyn.

Art. 9. Keiner soll sein eigener Richter seyn, noch thätlich verfahren und sich in Possession setzen, bey Strafe der Pfändung, und sie sollen zur Erstattung angehalten und in Brüchten verfallen seyn.

Art. 10. Unzucht und Hurerey wird bey Mannspersonen mit 20 Mark, bey Frauenspersonen mit 10 Mark, und bey vorsetzlichem Verharren mit Gefängniß und Exilio, bis zur Besserung, bestraft. Ein Bürger oder Einwohner der Stadt der im Amte Unzucht treibt, soll er oder sie, die Hälfte der Brüchte an die Stadt, die andre Hälfte am Amte geben. Auswärtige geschwängerte Personen sollen sich nicht in die Stadt begeben, bey 10 Goldgülden oder arbitrairer Leibesstrafe. Der Bürger, welcher solche Personen beherbergen würde, ist in

5 Gold=

der Stadt Bochum.

5 Goldglb. verfallen, und wenn die verbrechende Person flüchtig würde, soll der Wirth für ihre Brüchten haften.

Art. 11. Keiner soll ohne Vorwissen und Erlaubniß des Magistrats in die Stadt schleichen und häuslich wohnen. Die darin eingeschlichene sollen von Stund an ausverboten und in contumaciam zur Strafe genommen werden. Den Bürgern wird bey Poen von 10 Mark verboten, keine von sothanem Gesinde einzunehmen, oder ihnen Kammern oder Häuser zu verheuern. Der Rottmeister soll, was desfalls in seiner Rotte vorfällt, bey Strafe von 5 Mark, dem Magistrate anzeigen.

Art. 12. Kein Wirth soll nach 9 Uhr zapfen, bey Poen von 1 Mark. Nach dieser Zeit soll auch keiner ohne Laterne sich auf der Straße finden lassen, bey Poen von 1 Mark.

Art. 13. Bürger und Bürgerkinder sollen auf den Wällen, Graben, Wegen und Landwehren keine Weiden, noch sonstiges Holz fällen, noch Leimen graben, bey Poen von 1 Mark und Bezahlung des Schadens.

Art. 14. Keiner soll Garben, Holz, Baum- und Gartenfrüchte, sonderlich des Abends und Nachts in die Stadt bringen ehe ers dem Pförtner gemeldet. Der Pförtner soll auf seinen Eid fragen: woher er solches bringe, und wenn sich fünde daß solches gestohlen, soll der Einbringer arbitrair gestraft werden, und der Pförtner, oder wer solches anbringt, davon mit 1 Mark erfreuet seyn.

Art. 15. Gartendiebe werden mit 2 Mark bestraft, und zum drittenmal mit Gefängniß, Pranger und Halseisen drey Stundenlang gekasteyet.

Art. 16. Wer den andern verwundet, wird mit 5 Mark; wer blund und blau schläget, mit der Halbscheid; wenn aber solches auf gefreyten Jahrmarkttagen, oder auf gehörigten Oertern, als Kirchhofe und Rathhaus thut, mit 25 Mark und höher bestraft.

Art. 17. Wenn sich Partheyen im Verhör vor einen ehrbaren Rath, mit verächtlichen und schmählichen Worten stoßen, dutzen, lügen heißen und auch bey Verrichtung der Execution Pfandweigerung thun und sich den Dienern widersetzen, sollen sie 2 Goldgülden baar bezahlen. Da solches außerhalb der Rathskammer geschieht, ist die Strafe halb so viel.

Art. 18. Gemeine Straßen sollen reine gehalten, keine Fäuligkeiten und Wassersteine daran gemacht, die Rennen nicht mit Mist oder Holz belegt und der Abzug des Wassers nicht verstopft werden; bey Poen von 5 Mark.

Art. 19. Keiner soll sein Vieh besonders hüten lassen, sondern für den gemeinen Hirten treiben, bey 2 Mark Brüchten, und der Schütter soll einen Albus haben für jedes Stück.

Art. 20. Also soll auch dasselbe mit den Koppelkühen auf andern Gründen und gemeinen Wegen und Auftreibung der Pferde auf die gemeine Veude, bey Poen von 10 Mark, verboten seyn.

Art. 21. Kein Bürger soll einem Auswendigen Mist verkaufen, bey Poen von 5 Mark.

Art. 22. Kein Korn vom Lande, so aus Bochum gedünget, soll an Fremde verkauft oder anderswo als binnen Bochum verführt werden, bey Poen von 10 Mark. Jeder soll hierauf Acht haben, und die Widergelebung dem Magistrat anzeigen.

Art. 23. Alle Neuerung von Aufschlagung und Zaunrichtung, dadurch die Wege beenget werden, soll sowol andern die im Stadtgebiet Länderey haben, als auch den Eingesessenen verboten seyn, und was unter 30 Jahr eingerichtet und gestanden, soll eigener That abzuschaffen erlaubt seyn, und fürhin keine mehr gemacht werden, ohne Wissen des Magistrats; bey Poen von 5 Mark. Menniglichen wird auch verboten auf des andern Grund neue Wege zu legen, bey gleicher Strafe.

Art. 24. Ein Taglöhner der einmal versprochen hat einem Bürger zu dienen, soll demselben unter keinem Prätext aufsagen können und bey einem andern in Arbeit gehen; bey Strafe 1 Mark, und soll dennoch ohne Verzug in die Arbeit gehn zu dem, dem ers erst zugesagt.

Art. 25. Einwohner sollen die auswendige Arbeit nicht der Arbeit bey den Bürgern vorziehen, bey Strafe 5 Mark, und wenn zum dritten mal darüber betreten werden, sollen sie mit Weib und Kindern die Stadt räumen.

Art. 26. Medders sollen zur Zeit der Erndte über ihre Belohnung keine Garben mit nach Hause nehmen. Sowol der ihnen diese giebt,

als

der Stadt Bochum.

als der Medder der sie nimmt, ist in 1 Mark Strafe verfallen. Sie sollen mit dem gewöhnlichen Tagelohn ad 6 Stüber zufrieden seyn.

Art. 27. Keiner soll Aehren vom Lande lesen bis das Land entblößt; bey Strafe nach Erfindung. Auch dürfen sie nicht eher das Vieh darauf treiben.

Art. 28. Witwer und Witwen wenn sie zur andern Ehe schreiten, sollen zuvor den Vorkindern Tutores verordnen und richtige Theilung halten. Wer darwider handelt soll 10 Goldgld. Strafe zahlen. Die Schichtung soll nach allen Umständen der Güter, auf gebührliches Ansuchen beym Magistrate stehen. Die Geistlichen sollen die Copulation nicht eher verrichten, bis dieserhalb ein behörlicher Schein beygebracht ist.

Art. 29. Wer ein neu heimlich Gemach anlegt, soll von seines Nachbars Grunde 7 Fuß weichen. Auch in gemeinen Gassen soll einer ohne Consens seines Nachbars, dem solche Gasse mit zuständig, dergleichen zu machen nicht berechtigt seyn. Mit neuen Schweinställen soll es eben so gehalten werden, und der Abfluß auf dessen Grund verbleiben, so solche neu erbauen wird.

Art. 30. Einer der ein neues Gebäude aufrichten will, soll von seines Nachbarn Grund drittehalb Fuß zum Drüppelfall weichen, das Giebelrecht auch zu anderthalb Fuß genommen werden, es wäre denn daß er vorhin einig Recht des Drüppelfalls auf des Nachbarn Grund rechtmäßig erlangt hätte. Die Verbrecher sollen nach Befinden arbitrair bestraft werden. Wenn aber einer ein Gebäude mit einem halben Dach bauen würde, soll er ein Fuß von seines Nachbarn Grund zu weichen schuldig seyn.

Art. 31. Das Recht und Gewohnheit Pfand zu weisen in Schuldforderungen die nicht über 25 Rthlr. laufen soll kein Platz haben, sondern bey selbigen nach Anweisung gemeiner Rechten, die Election den Creditoren verbleiben. In Forderungen über 25 Rthlr. soll es dem Herkommen nach gehalten, und dem Creditoren Pfand zu weisen verstattet werden, doch daß dabey kein Betrug oder Muthwillen zu Elusion der Justiz gebrauchet, sondern pro rata debiti geschehe, und der Creditor ferner nicht als sich selbiges anlaufet, gegen seinen Willen zu Annehmung angewiesener Pfande, genöthigt werden möge.

Art. 32. Wenn Eheleute sich hieselbst nach Bochumschen Rechten, welches ist Leib um Leib, Guth um Guth, an einander verheyrathen und bey der Verheyratung in pactis dotalibus kein anders präcavirt, noch bey stehender Ehe durch beider Eheleute Consens ein anders disponirt worden, oder auch keine Leibeserben, von ihnen ehlich erzeugt, vorhanden seyn, so succedirt solchen Falls der Leztlebende dem Abgestorbenen und erbet dessen nachgelassene sämtliche gereide und ungereide Güter, jedoch daß den nächsten Verwandten des Gestorbenen, neben dessen Leibesrüstung der vierte Theil der Güter zurückfallen sollen. Sind aber Heyrathsverschreibungen oder andre beständige Dispositiones vorhanden, soll es nach deren Inhalt observiret werden.

Art. 33. Da Vorkinder ihr abgetheiltes Guth haben, und aus deren Zahl einer verstirbt, soll dessen Quota den andern leztlebenden accresciren.

Art. 34. In Pflanzung der Bäume soll jeder 3 Fuß von seines Nachbars Grund weichen.

Art. 35. Den Bürgern wird bey 5 Goldgülden verboten den Arbeitern das Vesperbrodt zu geben, und bey eben dieser Strafe dürfen die Arbeiter solches nicht fordern.

Art. 36. Wer eine lebendige Hecke um seinen Garten legen will, muß 3 Fuß, und wer ein Stück Landes im Felde auszäunen will 2½ Fuß weichen.

Art. 37. Keinem der die Bürgerschaft nicht gewonnen, ist es erlaubt seine bürgerliche Nahrung zu treiben, noch Hude und Weide zu gebrauchen.

Art. 38. Weil die den Debitoribus dieser Stadt verstattete Pfandweisung misbraucht wird, indem unzulängliche Pfande den Creditoribus angewiesen werden, so wird solcher Punkt limitirt, daß solche Pfandweisung nur Jahr und Tag währen, und alsdenn Creditor befugt seyn soll, den Debitorem in mobilibus, moventibus und solchen Stücken exequiren zu lassen, durch welche er am besten zu Zahlung gelangen kann.

Art. 39. Wer einen Augenschein begehrt soll die Jura bezahlen, und da er berechtiget ist, dieserhalb in Decreto seinen Abschied gewärtigen. Wird aber der Magistrat ex officio den Augenschein decretiren; so soll jeder Theil die Hälfte erstatten.

Art.

der Stadt Bochum.

Art. 40. Contrakte, Testamente, Inventaria, Pacta dotalia und dergl. die von Geistlichen eingerichtet sind, sollen keinen rechtlichen Vorzug für gemeine haben, sondern solche Actus sollen entweder judicialiter oder per Notarium & Testes verrichtet, oder sonsten wie vorhin geachtet werden.

Art. 41. Solche Testamente, Lezte willens meinungen und dergl. wenn sie von Geistlichen und andern eingerichtet seyn, sollen nicht hinterhalten werden; sondern innerhalb 6 Wochen von Zeit des Absterbens des Testatoris, ad acta publica gebracht werden, weil sie sonst ungültig seyn und die Successio ab intestato gelten soll.

Art. 42. Jedem Bürger soll es frey stehen, die von andern Bürgern an Auswärtige versetzte oder verkaufte Grundstücke zu retrahiren.

Art. 43. Wenn ein Bürger an einem andern unbewegliche Stücke versetzt oder verkauft, so kann kein Auswärtiger, selbst wenn er verwandt ist, sich vernähern, es sey dann daß dieser sich in der Stadt zu setzen willens sey.

Art. 44. Wegen der Art. 42. enthaltenen Vernäherung soll den Bürgern der Weg durch Verlauf eines Jahrs und Tages nicht benommen, sondern ihnen solches, damit die Verkaufungen an Fremde und Bauern destomehr hinterbleiben, jederzeit frey stehen.

Art. 45. Keine andre Feste, ausgenommen Hochzeiten, wie Art. 4. verordnet, und rechte Hausböhrungsfeste, auf nöthige und ziemliche Weise, werden permittiret, die Excesse aber gebührend bestraft.

Art. 46. Der Art. 37. wird dahin erklärt: daß niemand zum Bürger angenommen werden soll, er habe dann einen Geburtsbrief und Attest seines Wohlverhaltens; es sey dann daß solches dem Magistrat ohnehin bekannt wäre. Auch keiner soll dahin zugelassen oder in Eid genommen werden, welcher in Unpflichten gebohren oder sonst mit andern Infamien behaftet ist.

§. 34.
Märkte.

Die Stadt hat seit undenklichen Zeiten einen Wochenmarkt; dieser ist im Jahre 1695. den 21. Dec. mit landesherrlicher Erlaubniß auf den Freytag verlegt worden. Im J. 1324 sind auch derselben vom Grafen

Vom ehemaligen und jetzigen Zustande

Engelbert verschiedene Jahrmärkte erlaubet, und den dahin reisenden Verkäufern zwey Tage vorher und zwey Tage nachher Freyheit und Sicherheit versprochen worden.

Es werden noch jetzt jährlich folgende Märkte gehalten:
1. Mitwochs vor Petri Stuhlfeyer.
2. Montags nach Palmsonntag.
3. Mitwochs vor Philippi Jacobi Tag. Des Tages vorher ist Viehmarkt.
4. Mitwochs vor Maria Geburt.
5. Mitwochs vor Martini Tag. Des Tages vorher ist Viehmarkt.

Wenn diese drey lezten Tage auf einen Mitwoch fallen, so ist der Markt an eben diesen Tage; eben so wird es auch mit dem ersten Markt gehalten.

Aus dem eben angeführten Erlaubnißbriefe oder Marktprivilegium vom Grafen Engelbert, welches noch im Archiv, obgleich sehr zerrissen, vorhanden ist, habe ich folgendes herausgebracht:

Nos Engelbertus comes de Marka notum facimus universis presentia inspecturis Quod nos communicato concilio dilectorum nostrorum amicorum & oppidanorum in Buchem nundinas seu forum annuale in tribus temporibus cujuslibet anni duobus diebus ante & duobus diebus post pre omnibus pro nobis quicquam amice fate & dimicte volentibus tenore presentium illic quibuscunque venientibus cum Equis jumentis pecoribus ac ceteris venalibus liberas reddimus instituimus & securas. Quicunque vero contra dictum nostrum institutum violenter processerit unius manus privationem seu amputationem se propter hoc sentiat incursurum. Predictas vero nundinas assecuravimus & presentibus assecuramus. Predicto oppido nostro Buchem etiam permissum est Dominica Die proxima post festum beati Martini hyemalis vigilia beati Petri ad Cathedram & altero proximo post festum Pentecostes & singulis annis forum Equorum sequentibus vero Diebus de ceteris venalibus firmiter observandis. Hanc vero libertatem omnibus ad - - nundinas predictis temporibus confluentibus inviolabiliter erogamus

Das Bochumer Stadtwappen, erstmals an einer Urkunde von 1381 überliefert, ist ein sog. "sprechendes Wappen", da es den ersten Teil des Stadtnamens "Buchheim" (fälschlich) mit einem Buch wiedergibt.

Lacksiegel, 1733. Stadtarchiv Bochum.

der Stadt Bochum.

mus in cujus rei testimonium & evidentiam pleniorem Sigillum nostrum presentibus duximus apponendum. Datum & actum in Buchem oppido nostro in presentia honestorum virorum videlicet Dni. Hunoldi pastoris Ecclesie in Buchem Arnoldi de - - - judicis nostri ibidem Alberti dicti Lewen Dithmari sculteti nostri Alberti dicti Flote - - - oppidanorum nostrorum in Buchem & aliorum quamplurimorum fide dignissimorum. Ao. Dni Millesimi tricentesimi vicesimi quarti ipso Die Beati Galli confessoris.

§. 35.
Stadtswapen oder Siegel

Das Wapen oder Siegel der Stadt ist ein **zugeschlossenes Buch**. Es ist unstreitig wegen der Aehnlichkeit des Namens gewählt worden, und gehört also unter die redende Wapen oder Siegel.

§. 36.
Ehmalige Amtsobrigkeit.

Das Amt oder ehmalige Gericht Bochum hatte in den vorigen Jahrhunderten einen besondern Drosten. Die Drosten waren die obersten Richter der Gegend, und, so viel ich weiß, alle von adelichem Stande. Von den bochumschen Drosten habe ich in alten Urkunden und Geschlechtstafeln folgende bey benannten Jahren gefunden:

1333 **Gerlach de Westhusen.**
1337 **Ernestus Specke de Bodelswing.**
1345 **Rütger de Darenborg.**
1355 **Tönnis de Marten.**
1371 **Sander van Galen.**
1380 **Hendrich Dücker.**
1391 **Johann van der Dernebroch**, genannt **Aschebrock.**
1415 **Didrich van Eickel.**
1470 **Wennemar van Brüggeney.**
1475 **Johann van dem Grimberg.**
1488 **Wennemar van Brüggeney.** Ob dieses der obige oder ein anderer ist, weiß ich nicht.
1505

1505 Johann van Aldenbockum.
1520 Bruyn van Schüren.
1533 Johannes de Loe.
1560 Melchior van Delwig.
1570 Melchior van Loe.
1580 Marhülß.
1591 Detmar van Dinsingk.
1600 Johann von der Recke.
1624 Georg von Syberg.
1628 Mattheis von Vaerst.
1650 Johann Didrich von Syberg. Dieser wurde im Jahre 1666 vom Kurfürsten in Gesandtschaften gebraucht, und bis zu dessen Wiederkunft verwaltete sein Bruder, Jan Georg von Syberg, das Drostenamt.
1676 Friederich Wilh. von Syberg.
1690 Conrad von Stünkede.
1718 Conrad von Stünkede; ein Sohn des vorigen.

Der lezte Droste war ein Herr von Seelen, und zugleich preußischer Major. Nach diesem ist das Drostenamt eingegangen.

Neben den Drosten waren ehmals auch Amtsrichter von Bochum. Diese existirten auch eher wie jene. In alten Urkunden habe ich folgende Amtsrichter gefunden:

1236 Hugo, judex de Buchem.
1298 Gerhardus.
1471 Henrich Steinhaus.
1487 Gert Spaen.
1560 Wessel von der Hembeck.
1620 Matthias Danielis.
1632 Hermann Hugenpoth.
1686 Georg Willbrand Rumsthoff.
1699 Gerhard Lennich.

Der lezte Amtsrichter war Fridr. Franz Henr. König; dieser wurde bey Einführung der Landgerichte, als die Amtsgerichte abgeschaft wurden nach Hagen als Landrichter versetzt.

Von

Bildnisgrabstein des Bochumer Drosten Johann von der Recke, gest. 1600.

Foto, Stadtarchiv Bochum.

Grabdenkmal des Bochumer Drosten Conrad von Strünkede, gest. 1707, mit seiner Familie.

Foto, Märkisches Museum, Witten.

Von dem Amtsgerichte zu Bochum wurde ehmals an das Gowgericht zu Lüdenscheid appellirt. Von den bey Bochum liegenden Freygerichten, als Stiepel, Horst, Herbede u. s. w. gieng die Appellation an das Gericht zu Bochum.

§. 37.
Freystuhl.

Es ist auch vormals ein Freystuhl zu Bochum gewesen, dessen Vorsteher sich Freygraf oder Vrigraf nannte. Es befanden sich mehr solche Freystühle in dieser Nachbarschaft, unter andern zu Bodelswing, Uemmingen und Witten. Die Freygrafen waren meist von vornehmen Stande, und hatten anfänglich blos über Glaubenssachen, Sakrilegien, Verrätherenen und andre sehr große Verbrechen zu richten. In der Folge wurden mehrere und geringere Sachen vor die Freystühle gezogen. Der Platz wo der bochumsche Freystuhl gewesen seyn soll, heißt jetzt der Freyhof.

Von den ehmaligen hiesigen Freygrafen sind mir aus dem Jahre 1367 Gobbele van Cospelle, und aus dem J. 1457 Johann Hackenberg, aus alten Nachrichten bekannt geworden.

§. 38.
Bochumsches Land= oder Stoppelrecht.

Dieses sehr sonderbare Ding hat viele Gleichheit mit dem im ersten Theile der von Steinenschen Westph. Gesch. Seite 1809 befindlichen Beccker Heiden Recht oirdell. Der Inhalt desselben zeuget zum Theil von der ehmaligen Rohigkeit der Sitten. Ich weiß nicht aus welchem Jahrhunderte es ist; ursprünglich aber ist es in platter märkischer Sprache abgefaßt, welche man fast nicht würde verstehen können, wenn nicht Abschriften davon aus jüngern Zeiten vorhanden wären. Das Exemplar, welches ich davon besitze, ist eines von den letztern, und lautet wörtlich also:

206 **Vom ehemaligen und jetzigen Zustande**

Landrecht so die sieben Freyen unserem gnedigen Fürsten und Herren jährlichs auff Montagh nach Margarethä zu weisen pflegen.

1) Item ein reisender Mann der über Feld kömpt reiten, der magh so viel Garben auffnehmen als er in einem vollen Rennen, mit seinen Klauen auffnehmen kann und anderster nicht.

2) Item wer einen Dienstbotten gemietet hatt und ihme Miethegeld gegeben und käme dann nicht sondern zöge zu einem andern, soll der Dienstbotte meinem gnedigen Herren die höchste Brüchte schuldig auch dem Klegern einen andern zu liebern pflichtig seyn, und der ihn dan darnach gemietet hatt, soll ihn auch nicht behalten alles bey Straff der Brüchten.

3) Item, da einer dem andern einen eichenstamm blösset und dasselbige geklagt wirdt, so manchen Stamm so manniche fünff Mark dem Herren und dem Kläger dabei befriedigen.

4) Item, der eine Baumagdt bedarf, der soll ihr geben zwei Heyenmauen und ein Natell, mit welcher sie die Disteln uthgrabet: Item dazu so viel daß sie es gerne thuet.

5) Item, da Nachbare bei einander wohnen in einer Bauerschafft, die ihre gemeine Bauerweide umbzogen so ihm nicht verwilliget wäre. Item so jemandt von ihnen ausblieb, dadurch die Nachbaren ohne Willen der Amptleuthen des Ungehorsambs halber seinen Hoff plunderten und dominirten, sollen sie davor die Brüchte bezahlen.

6) Item, ein Hausmann der auff seinem Pfluegh Gewin setzet, wan er seinem Herschop die Pfächte bezahlet hatt, soll er seines Herschops schulden halber keine Noth leiden: Es wären dan die Pfächte vorhin auszugeben verbotten und doch nichts destoweniger ausgegeben ohne Urlaub des Richters, der ist dan unserm gnedigen Herrn Brüchtfälligh worden.

7) Item, da einer Zehendland hatt, der soll das Korn auffthielen und wan er mit dem Wagen kömpt und der Zehende nicht abgenohmen wäre, soll er hinter auff das Herchstell gehen stehen und ruffen

der Stadt Bochum.

ruffen dreymal: Zehender hohle den Zehenden und alsdan sein Korn wegfahren und den Zehenden liggen lassen.

8) Item, niemand soll den Zehenden abnehmen dan ein geschworner Zehender, bey straff der höchsten Brüchten.

9) Item, so jemandt auf meines gnedigen Herrn Befehl gefangen oder auff Sr. Fürstl. Gnaden und Herrn Amptleuthe, daß dem gefangenen ohnrecht geschehen, sprächen thäte, den soll man an Leib und Gutt straffen, alles auff Gnade des Herren.

10) Item, so jemandt käme gefahren und einige Beesten von der Hand toedt führete, soll er darumb nicht leiden. So er aber zu der Hand fahrete ist er schuldig zu bezahlen.

11) Item, wer den andern Bluethwundet und kan erweisen daß er Leibesnoth gewehret hatt, soll der gewundete die Brüchte geben.

12) Item, ein Düllschlag, blundt und blau, dem Richter 12 schl.

13) Item, der da Gewalt klaget und kan sie nicht beweisen, der soll die Gewalt selbst bezahlen.

14) Item, wer einen Voerstein mit Frevelmuth auswirfft der hatt verbrüchtet Leib und Gutt in Gnade des Herren: Wenn er aber mit Unglück als mit Bauen oder Graben ihn auswürffe, der soll alsden Wapen ruffen, daß ihme die Nachpahre zu Hülff kommen und helffen ihn wider zu rechte, da er gestanden hatt, setzen.

15) Item, da einer einem andern einen Weg legte, der hat verbrüchtet Leib und Gutt in Gnade des Herrn, wen man es beweisen kan.

16) Item, welche in der Landfesten einen Stock eines Daumen dick häuet; so mannichen Stock so manniche fünff Mark.

17) Item, welcher den Klockenschlag ohne urlaub nicht folget, der hatt verbrüchtet Leib und Gutt in Gnade des Herren.

18) Item, der einem geschwornen Frohnen pfandsweigerung thuet, das ist die höchste Brüchte die er bezahlen soll.

19) Item, ein geschworner Frohne soll so frey seyn, daß er soll tragen einen weissen Stock und thuen Gebott und Verbott, heischen Geld und Pfande soll man ihme folgen lassen, bey straff der höchsten Brüchten.

20) Item, so ein geschworner Frohne einem sein Gutt zuschlüge und da über Tisch säße, der soll sein Messer nicht in die Scheide stechen, er habe dan sein Gueth erst entsatt, bey Straff der höchsten Brüchten.

21) Item, da ein Bube sich im Gelaghe verwendt oder zänckisch machete, welchen man dan in heiler Hauth unterweisen thäte, daß er darahn gedächte, davon soll man dan keine Brüchte geben.

22) Item, der mit bösem Frevelmuth zum Richter im Gerichte spräche der hatt verbrüchtet 12 Schl.

23) Item, der auch ohne urlaub des Richters im Gericht sprechen thäte, der hatt verbrüchtet meines gnedigen Herrn Richtern 4 sch.

24) Item, welcher Bauer oder Küthter am Stoppelgerichte selbst nicht kömpt der hatt in Gnade des Herren verbrüchtet 4 sch.

25) Item, eine Königsstrasse soll so weith seyn, daß zwey Fueh» der Heues beneben einander herfahren können und darbey auch die leuthe an beiden seithen können anhalten.

26) Item, ein Noethweg soll so weith seyn, so da ein todter Leichnamb auff einem Wagen oder Karren käme gefahren und deine eine Brauth oder eine andre Frau mit einer Heicken begegnen thäte, daß die unbefleckt dabey herkommen könne und so jemandt denselbigen Wegh mit Bauen, Thünen, Graven benauethe, so manniche Voer, Stecke oder Stacken, so manniche fünff Marck.

27) Item, wer einem sein Landt affbauet mit Willen oder Frevelmuth, so manniche Voer oder Schüppe, so manniche fünff Marck.

28) Item, da einer ungewöhnlich oder mit Frevel dem andern alzunahe thünete, der hatt so manniche Stacken, so manniche fünff Marck verbrüchtet.

29)

der Stadt Bochum.

29) Item, welcher ins Feld eine Erbhecke umb sein Land machen will, der soll seinem Nachbaren viertenhalben Fueß, daß er sein Land mit der Pfluegh bekommen kan, entweichen.

30) Item, wer in dem Felde sein Landt ahn einen Kamp umbthünen will, der soll seinem Nachbahren drittenhalben Fueß weichen.

31) Item, wer sein Land düngen will und hatt dazu keinen Dünckwegh, der soll klimmen auf sein ächterste Haus oder Bergfritt und suchen den näheften Wegh den minsten Schaden und beleggen den Wegh mit Garben.

32) Item, welcher ein Schulten Gutt hatt, dem da einen Steier oder Beehr gehöhret zu halten, der dan ins Korn ginge, den soll man nicht schlagen, noch werffen, sondern jagen sie über die Voer und laßen sie gehen.

33) Item, wer aber solche Beesten hielte und ihme die nicht gebühret zu halten und dan die einem andern im Korn Schaden thäten, soll man alsdann dem Amptmann zubringen vor verstrichen Gutt.

34) Item, wer auch verstrichen oder verflogen Guth heimblich an sich hielte, es wäre auch was es wäre, der hat die höchste Brüchte verbrüchtet.

35) Item, so eine schneeweiße Sauhe mit neun schneeweißen Kodden ohn einigen Flecken ins Korn gehen thäte, die soll man nicht werffen oder schlagen, sondern sie über die Vocre jagen und laßen sie gehen.

36) Item, da fruchtbahre Bäume über eines andern Grundt hangen, die Früchte, so auff dem Grunde fallen sollen sie gleich theilen.

37) Item, da Telgen über den Wegh hangen und am Fahren hinderten, so mag der, dem sie hindern auff einen geledderten Waghen klimmen und nehmen eine Aexte mit einem Hilve so eilff Hand breit langh und hawen sie so hoch als er damit reicken kan ab und was in die leddern fält magh er mit nach Haus nehmen.

Dd 3

38)

38) Item, so einer dem andern wundet, so manniche Wunde so manniche fünff Marck.

39) Item, einer soll seinen Garten von sechs Fües hoch umbzäunen und springen die Beester alsdan darüber magh er dieselbe schlagen ohne Brüchte.

40) Item, da Nachbahren bei einander wohnen soll einer dem andern zu halben Wegh helffen.

41) Item, da Wieschen bei einander liggen da eine Flauth durchschiesset auff ihrer beider Erb springende, sollen sie dieselbe gleichgebrauchen zu flöten in ihrer beider Wieschen.

42) Item, da einem durch jemandes Haab im Korne Schaden geschähe, soll er das Haabe schütten und lassen den Schaden mit beyderseits Nachbahren werdieren oder vertragen und soll der dem das Haabe gehöret ein Pfandt von dreyen Hellingen geben und nehmen sein Haab wider und der das Pfandt hatt soll dasselbige am nächsten Gericht bringen und es verkauffen so hoch und theuer als der Schade wehrth ist.

43) Item, enthält er ihme das Haab noch darneben verbrüchtet er fünff Marck.

44) Item, da Huehner im Korn Schaden thun, soll man mit barveden Füssen auff zwey scharffe Zauhnstacken klimmen und werffen zwischen den Beinen her; So weith haben die Huehner Recht und nicht weither.

45) Item, Gänse haben kein Recht, dan so sie mit dem Jals zwischen zwey Planken herkönnen reichen; gingen sie weither soll man sie mit dem Hälsen auff dem Stück an den Orth hangen. Ist der Orth zu kurtz soll er einen weissen Stock splietten und hangen sie mit den Hälsen darzwischen und wan dan jemandt käme und scheltete meines guedigen Herren Gericht, der hatt die höchste Brüchte verbrüchtet.

46) Item, käme jemandt mitt einem Düngwagen mit fünff Pferden gefahren und welchem ein truncken Mann begegnen thäte, soll er stille halten und lassen denselben bey sich her gehen und geben ihme gute Worte und fahren alsdan seine Strassen.

47)

der Stadt Bochum.

47) Item, ein Fuhrmann der über Wegh kömpt gefahren, der magh drey Garben gegen dem Stück foedern und die Orthe in dem Wegh liggen laſſen. Wenn er die Orthe auff das Stück würffe, oder die Garben auff ſein Voer, ſoll er umb die Brüchte und Schaden angehalten werden.

48) Item, ein Dieb der einem Manne ſein Herſtells Nagel abſtiehlet und er ihn darüber bekäme, ſo ſoll er über das Herſtell mit ſeinem Leibe gehen liggen und ſtecken ſeinen eilfften Daumen vor das Stell bis ſo lange er bey einem Schmidt kömpt und ſtellet einen andern Nagel davor ohne des Fuhrmanns Schaden.

49) Item, ein Dieb der Garben ſtiehlt und ihn darüber kriegt, ſoll ihn von dem Stück gehen laſſen und ſchlagen ihn dreymal mit einem Klüppel vor die Scheenen und ruffen wapen, daß ihn die Nachbahre zu Hülff kommen und bringen den an den Amptmann.

50) Item, ein Dieb der einem die Lunſe vor den Wagen her ſtiehlet, dar man ihn over kriegt, ſoll er ſeinen eilfften Daumen vor das Rath ſtechen, bis ſo lange er bei einem Schmidt kömpt und ſtellet einen andern davor auſſer des Fuhrmanns Schaden.

51) Item, der meines gnedigen Herren Gerichte ſchändete oder einige Inſtrumente abnehme, der hatt verbrüchtet Leib und Gutt in allen Gnaden meines gnedigen Herren.

52) Item, ein Mann der ein echtes Weib hatt und ihr an ihren freuelichen Rechten nicht genug helffen kan, der ſoll ſie ſeinem Nachbahren bringen und könte derſelbe ihr dan nicht gnug helffen, ſoll er ſie ſachte und ſanfft auffnehmen und thun ihr nicht wehe und tragen ſie über neun Erbthüne und ſetzen ſie ſanfft nieder und thun ihr nicht wehe und halten ſie daſelbſt fünff Uhren langh und ruffen Wapen, daß ihme die Leuthe zu Hülffe kommen und kan man ihr dennoch nichts helffen, ſo ſoll er ſie ſachte und ſanfft auffnehmen und ſetzen ſie ſachte darnieder und thun ihr nicht weh und geben ihr ein neu Kleidt und einen Beuthel mit Zehrgeldt und ſenden ſie auff ein Jahrmarckt und kan man ihr alsdenn noch nicht genug helffen, ſo helffe ihr thauſendt Düffel.

53)

53) Item, die höchste Brüchte ist 13 Marck.

54) Item, wer für den Frohnen leugnete eine Schuldt und darnach mit Rechte oder anders muß bekennen, oder überwiesen wirdt, hat dem Gerichte ein Marck verbrüchtet.

55) Item, welcher gelobet dem Frohnen Pfande an das Gericht zu bringen und sie nicht bringet, brüchtet dem Gerichte ein Marck und soll der Richter dem Klägern vor seine beklagte Schuldt alsofort ohnverzügliche Pfande geben.

56) Item, so jemandt einige ungepührliche oder ungewöhnliche Zuschläge oder Bezäunungh thäte, so mannichen Stacken oder Plancken, so mannich fünff Marck dem Herren.

Da in diesem Stoppelgericht, Stoppelrecht oder Landrecht, mehrere platte Wörter vorkommen, welche vielleicht nicht einem jeden verständlich sind, so habe ich solche hier erklären und damit zugleich eine kleine Probe von der in dieser Gegend gewöhnlichen Aussprache und Bedeutung einiger Wörter, welche in vielen, von der sonst in der märkischen Provinz gewöhnlichen, abgeht, geben wollen.

Heyenmauen. Ermel von grober Leinwand.
Herschop. Herrschaft.
Aufthielen. Aufhäufen.
Bluethwunden oder Blautwunden. Verwunden.
Düllschlag. Beule.
Voerstein. Grenzstein.
Verwendt. Unartig, verwöhnt.
Rühter. Kossathe.
Heicke. Leichtuch.
Thünen. Zäunen.
Benauen. Verengern.
Voer. Furche.
Stacke. Stecken.
Steier. Stier.

Beehr.

Die Beckstraße mit der 1737 erstmals belegten Posthalterei (oben links).

Ausschnitt aus dem Kortumschen Stadtplan von 1790.

Das Haus der 1785 in Bochum gegründeten Freimaurerloge "Zu den drei Rosenknospen" in der Nähe des Buddenbergtores.

Ausschnitt aus dem Kortumschen Stadtplan von 1790.

der Stadt Bochum.

Beehr. Schweinsbeer.
Rodde. Ferkel.
Telge oder Twiele. Zweig.
Ledder. Leiter.
Aexse. Axt.
Hilve. Stiel.
Wiesche. Wiese.
Flauth. Wassergraben.
Floeten. Flössen.
Schütten. Eintreiben.
Werdieren. Würdigen.
Mit barveden Feuten. Baarfuß.
Plancke. Brett.
Splietten. Spalten.
Foedern. Füttern.
Scheene. Schienbein.
Orthe. Dasjenige was das Vieh vom Futter übrig läßt.
Echtwyf. Eheweib.
Erbthüne. Erbzäune.
Düffel. Teufel.

Obgleich man übrigens vormals sehr strenge auf die in gedachtem Landrechte enthaltene Sätze gehalten hat, so wird doch nunmehr darauf keine sonderliche Rücksicht hieselbst genommen.

§. 39.

Landgericht.

Als im Jahre 1753 in der Grafschaft Mark die Landgerichte bestellet wurden, wurde auch für das Amt Bochum ein solches angelegt, und dazu ein Landrichter und zwey Assessoren, wovon der jüngste zugleich das Amt eines Aktuarius mit verwalten muß, nebst einem Landgerichtsschreiber, angeordnet. Zu diesem Landgerichte gehöret nicht allein das Amt Bochum, sondern auch das Amt Blankenstein. Es wird von demselben an die Landesregierung in Cleve appellirt. Die sämmtlichen

214 **Vom ehemaligen und jetzigen Zustande**

Glieder dieses Landgerichts wohnen in der Stadt. Der erste Landrichter hieselbst war **Christian Sigismund Landmann**, auf ihn folgte **Johann Adolph Engelbert Bölling**.

Die jetztlebende Glieder desselben sind:

Herr **Johann Friedr. Diedr. von Essellen**. Landrichter.
 = **Joh. Diedrich Natorp**. Erster Assessor.
 = **Christ. Joh. Diedrich Bölling**. Jüngster Assessor.
 = **Joh. Wilhelm Kals**. Landgerichtschreiber.

Dieses Landgericht hat zur Vollziehung der Befehle zwey Gerichtsdiener. Die Sitzungen werden in einem Zimmer des Rathhauses gehalten.

§. 40.
Postwesen.

Es gehet hier noch kein Postwagen, wol aber kommt von Duisburg die reitende Post Donnerstags und Sonntags hier an, und solche geht des Freytags und Dienstags wieder ab. Des Mitwochs und Sonnabends kommt eine Fußpost von Lünen und geht an eben diesen Tagen im Sommer, und an den folgenden Tagen im Winter, wieder ab. Es kommt auch am Mitwoch und Sonnabend ein Fußbote von Essen, geht hiedurch nach Dortmund, und kehret des andern Tages wieder zurück nach Essen. Nach Hattingen geht auch an eben den Tagen ein Postbote. Außerdessen sind noch besondre Boten zur Ueberbringung der Briefe und Päcke in die benachbarten Dörfer bestellt.

§. 41.
Freymäurerloge.

Es ist eine berühmte Freymäurerloge in dieser Stadt. Sie führt den Namen **zu den drey Rosenknospen**, und besteht gegenwärtig aus einigen 40 würdigen Mitgliedern, wozu viele Auswärtige gehören. Sie ist privilegirt und gestiftet den 27. Dec. 1785.

§. 42.

der Stadt Bochum.

§. 42.
Religion.

Daß vor der Einführung der christlichen Religion, die sämtliche Einwohner der Grafschaft Mark, Heiden= und Götzendiener gewesen seyn, ist gewiß. **von Steinen** hat im 1sten Stück der Westph. Gesch. die vornehmsten derjenigen Götzen angeführt, welche im Lande verehrt worden sind. Unter diesen finden sich zwey Götzen benannt; von denen Spuren vorhanden sind, daß sie in der Gegend von Bochum vorzüglich verehrt worden. Sie sind **Tibelin** und **Loe**. **Tibelin** war einer der vornehmsten Götter der Gallier und Sachsen, und wurde an vielen Orten in Westphalen und andern Gegenden verehrt. Viele Berge und Schlösser haben von ihm den Namen, und es finden sich in Westphalen besonders viele Steine, welche noch jetzt Tiebelssteine genannt werden, weil daselbst diesem Götzen ehmals geopfert wurde. Ohne Zweifel ist solches auch auf der nicht weit von der Stadt Bochum befindlichen Höhe, der **Tiebelsberg** genannt, geschehen. Ein Hof zu Geumme, nicht weit von der Stadt, an einem Berge, heißt **Tiebels** oder **Düfelshof** und hat vielleicht auch von diesem Götzen den Namen. Der andre Abgott, **Loe** war der Viehgott der Sachsen und des Heloe, loe, loe, welches die Hirten noch jetzt zu singen pflegen und so viel als **heiliger Loe** bedeuten soll, stammet, nach **von Steinens** nicht unwahrscheinlichen Meinung, davon her. Daß auch dieser Götze in dieser Gegend seine Verehrer gehabt habe, davon zeuget die nahe bey der Stadt befindliche Anhöhe, der **Lohberg** genannt. Gleichwie auch an vielen andern Orten, wie gesagt, sehr große Steine angetroffen werden, welche man Tiebelssteine, auch wol Düfelssteine und Herkensteine zu nennen pflegt, und welche entweder Grabstätten alter verstorbener Helden, oder wahrscheinlicher Altäre der Götzen gewesen sind; so trift man auch deren noch jetzt zwey, nicht weit von Bochum, an. Der eine befindet sich in dem Brunsteinshofe, eine halbe Viertelstunde von der Stadt; der andre lieget in einem Haine an dem Wege nach Herbede, bey Buscheishofe.

Die Zeit in welcher in hiesiger Gegend der Götzendienst abgeschaffet worden, ist nicht ganz gewiß. Schon vor der Zeit des **großen Karls**

Vom ehemaligen und jetzigen Zustande

Karls ist überhaupt in Westphalen das Christenthum geprediget worden. Im Anfange des achten Jahrhunderts hat **Suibertus** besonders im Clevischen und benachbarten Essendischen und Dortmundischen das Evangelium gelehrt und das Kloster zu Werden gestiftet. Daß seine Lehren auf die Bewohner der hiesigen Gegend ebenfalls Einfluß gehabt haben müssen, ist leicht zu denken. Einer alten Nachricht zufolge, soll sich doch der Einführung des Christenthums in dieser Gegend der §. 10. erwähnte Tabo von Eickel, ein mächtiger Herr, widersetzt haben, und derselbe noch als ein Heide gestorben seyn. Ohngefähr am Ende des siebenten Jahrhunderts, sollen auch schon zwey Apostel des **Egbertus**, aus England hieselbst angekommen seyn und die Lehre Christi hiehergebracht haben. Es waren zwey Brüder, die **Ewaldi** genannt. Weil der eine von ihnen weisse und der andre schwarze Haare hatte, so hieß der eine der **weisse** und der andre der **schwarze Ewald**. Sie sollen sehr eifrige Leute gewesen seyn, und auf ihrer Reise hieher, viele bekehrt haben. Aus vielen alten Chroniken gehet hervor, daß sie in der Grafschaft Mark, im Flecken Laar, eine Zeitlang geprediget haben, und endlich in eben der Absicht nach dem Dorfe Aplerbeck, ein paar Meilen von Bochum, gekommen seyn sollen, wo sie aber von den heidnischen Bauern getödtet und ihre Leiber in den Emscherfluß geworfen worden. Es soll dieses im Jahre 693, andre sagen im Jahre 700 den 3ten Octob. geschehen seyn. Der Platz in Aplerbeck, wo die Ermordung geschah, wird noch gezeigt. Die Körper sollen in den Rhein getrieben und zu Kölln in Empfang genommen seyn.

Gewiß ist es, daß der Graf Cobbo, welcher §. 10. als ein zu den Zeiten Karls des Großen lebender Herr von Bochum, genannt ist, schon ein Christ gewesen sey; weil ihm sonst gedachter Kaiser die Aufsicht über die Bisthümer Münster und Osnabrück nicht anvertraut hätte. Ob die in Bochum vorhandene Pfarrkirche von Ihm herkomme, oder sonst damals schon Gotteshäuser in dieser Stadt und Gegend vorhanden gewesen seyn, läßt sich nicht mit Gewißheit behaupten. Indessen ist die gedachte Kirche, aller Vermuthung nach, sehr alt, und in vorigen Zeiten, ehe die Filiale einiger benachbarten Dörfer davon gekommen sind, sehr besucht worden. In alten Zeiten hatte man auch

zwey

der Stadt Bochum. 217

zwey Kapellen hier erbauet, und nach und nach mehrere Vikareyen gestiftet. Von diesen ist schon oben geredet. Die Kapellen wurden zur Zeit der Reformation zerstöret, und auf ihrer Stelle Häuser erbauet. Wo die Kapelle des Sakraments stand, ist jetzt das Ralfische Haus, und das Haus auf der Stelle der Michaeliskapelle bewohnet der reformirte Küster. Es war auch eine **Kalandbrüderschaft** hier, welche noch im Anfange des 16ten Jahrhunderts blühete. Diese Brüderschaften sollen im 13ten Jahrhunderte entstanden seyn; es wurde darin jeder, der Lust hatte, männlichen und weiblichen Geschlechts gegen Erlegung eines Geschenks aufgenommen. Sie kam am ersten Tage jedes Monats zusammen, und beschäftigte sich mit guten Handlungen, hielte auch wol nebenbey kleine Schmausereyen.

Was sonst in ältern Zeiten, vor der Reformation, bey der hiesigen Christengemeine vorgegangen seyn mag, davon kann man nichts mehr sagen, als was schon hin und wieder in dieser meiner Schrift gemeldet ist. Auch ein Verzeichniß der Pfarrer, welche an der großen Kirche gestanden haben, kann ich nicht liefern; weil davon nur unvollständige Nachrichten vorhanden sind. Die Pastoren, welche im jezigen Jahrhunderte lebten, waren **Moritz Hüttmann, Johann Buckelkamp, Berthold Brunswick, Jodocus Ladesger, Johann Wilh. Wember** und der noch lebende, ist Herr **Jodocus Wilhelm Behmer**. Der jetzt lebende zweyte Geistliche oder Primisarius, ist Herr **Johann Moritz Nehring**.

Die Reformation breitete sich schon im Jahre 1563. durch die ganze Grafschaft Mark aus, und hat auch in Bochum schon vor dem Ende des 16ten Jahrhunderts seinen Anfang genommen. Ein Pfarrer **Johann Boemken**, dessen Sohn im Jahre 1709 in Dortmund studirt hat, und welcher also vermuthlich verheyrathet gewesen ist, hat zu dieser Zeit das Abendmahl unter beyderley Gestalt ausgetheilt, es wurde auch von ihm und seinen Vikarien Luthers Catechismus in Kirchen und Schulen eingeführt, und man sang keine andre, als lutherische Gesänge. Die Vikarien sind damals bey der Einführung der Religionsänderung eifriger gewesen, als gedachter Boemke. Dieser letztere wurde auch in ältern Jahren der Reformation wieder abgeneigt, wie aus einer Supplik

Ee 3 des

des Magistrats vom 6ten Junius 1612 erhellet, worin derselbe der Stadt Bochum vorstellt: daß Boemke als ein 80jähriger podagrischer Mann die Pfarrdienste selbst nicht mehr versehen könne, und es verlauten wolle, daß er sein Amt zu Gunsten eines der päbstischen Religion zugethanen Priesters nieder zu legen gedächte, man bäte also, daß solches nicht zugelassen würde. Aus eben dieser Supplike geht herfür, daß damals die ganze Stadt, ausgenommen 3 oder 4 Bürger, der Lutherischen Lehre beygepflichtet habe.

Die evangelischlutherischen hatten von Anfang der Reformationseinführung hieselbst die große Pfarrkirche im Besitz; wurden aber um das Jahr 1598 und abermals im Jahre 1604 von den Spaniern, welche in die Länder gefallen waren, daraus vertrieben und schrecklich verfolgt. Als aber im Jahr 1609 der clevische Herzog Johann Wilhelm verstarb, und die hiesigen Länder einen andern Herrn bekamen, so wurde den Evangelischen-Lutherischen zu Bochum die freye Religionsübung wieder verstattet, und ihnen der Saal auf dem ehmaligen Schlosse oder dem jetzigen Rentheyhause, zur Verrichtung des Gottesdienstes eingeräumet, auch Wilhelm Tölner als Prediger angeordnet. Dieser erhielt zu seinem Unterhalt die Vikarey B. V. virgin. Dolorosä, welche ihm im Jahre 1611 der Schultheiß Diedr. Elbers übergab, und im folgenden Jahre mit freyem Willen der Römischkatholischen beständig zugelegt wurde.

An Tölners Stelle kam bald im Jahre 1612 Melchior Ebbinghaus. Er unterschrieb sich bey der ersten Predigersynode der Grafschaft Mark, welche im Jahre 1612 den 2 und 3ten Oktober in Unna gehalten wurde, als Pastor zu Bochum; steht aber nicht bey den unterschriebenen Predigern des Amts Bochum, sondern seine Unterschrift ist die lezte bey den Predigern des Amtes Wetter; denn er war zugleich Vikar zu Voerde. Die Akten dieser Synode sind im 13ten Stücke der von Steinenschen Westph. Gesch. zu finden.

Zur Ausbreitung des Reformationswerks haben Anfangs die Vikarien oder Schullehrer Adolph Abeli und Diedrich Schluck oder Schlugk das meiste beygetragen. Unter ihrer Veranstaltung fieng man ohne allen Tumult in der großen Pfarrkirche den Gottesdienst

nach)

der Stadt Bochum

nach evangelischlutherischer Weise an. Ersterer lehrte schon vor und um das Jahr 1609 den Katechismus Luthers in Kirchen und Schulen; lezterer aber wird sogar von Teschenmacher in Annal. reform. cliv. M.S. für den allerersten Reformator hieselbst ausgegeben, welches aber nicht seyn kann, weil derselbe erst im Jahre 1612 als Vikar und Schulrektor hieher berufen, und ihm die halben Einkünfte der Vikarie Primä Missä zum Unterhalt zugelegt worden. Gedachter Schluck wurde im Jahre 1615 nach Wattenscheid berufen, wo er Prediger wurde und die Reformation einführte. Es haben mehrere seines Namens sich um die Reformation in diesem Lande viele Mühe gegeben. Hildebrand Schluck hat schon im Jahre 1543 in Oberwengern, laut des dortigen Kirchenbuchs, nach evangelischlutherischer Weise gelehrt, und dessen Sohn Anton Schluck hat im Jahre 1564 eben dieses zu Volmestein gethan, und daselbst, nach Teschenmachers Bericht, den Betrug entdeckt, welcher lange Zeit mit einer sogenannten wunderthätigen Hostie getrieben war. Diese Hostie solte ein Dieb, welcher die Monstranz aus der Kirche gestohlen, auf dem Kirchhofe auf die Erde geworfen, und solche, als sie von dem Pfarrer gefunden worden, drey Tropfen Blut von sich gegeben haben. Es giengen große Wallfahrten dahin; Anton Schluck aber fand, daß sie von weissem Leder gemacht und mit rother Farbe bestrichen war.

Die Evangelischen setzten ruhig ihren Gottesdienst fort bis im Jahre 1623, da die Spanier wieder hieher kamen und sehr grausam mit ihnen umgiengen. Das Vikarienhaus, in welchem der lutherische Prediger wohnte, wurde verbrannt: der Kirchensaal auf dem Schlosse gesperrt und die Thür dazu vermauert. Selbst der Prediger Ebbinghaus wurde gefangen, und von den barbarischen Soldaten in einer Wanne zu Tode gebraten; der Vikar und Schullehrer Nikolaus Gildemeister rettete sich mit der Flucht nach Dortmund, wo er an der Petri Kirche Schulmeister wurde. Der vom Pfalzgrafen angesetzte neue katholische Pastor, **Friderich Pistorius**, und dessen Kapellan **Anton Zinccius**, schaften zugleich die Communion unter beiden Gestalten, wie auch die bey seinen Vorgesessenen noch immer üblich gewesene lutherische Gesänge, ganz ab, führten die Prozession und den völligen römisch-

Ka-

220 Vom ehemaligen und jetzigen Zustande

katholischen Gottesdienst wieder ein, und zerstörten den evangelischen Gottesdienst. Der damalige vom Pfalzgrafen einseitige angesetzte Richter **Matthias Danielis** half zu allen diesen Verfolgungen treulich, und zwang sogar den Magistrat, die Vikarey B. M. V. Dolorosā seinem fünfjärigen Sohne zu konferiren.

Als der Sturm vorüber war, meldeten sich die ihrem Glauben getreu gebliebene evangelische Bürger bey dem Kurfürsten von Brandenburg, und von demselben erhielten sie im Jahre 1630 die Wiederherstellung ihres Gottesdienstes. Die römischkatholischen mußten ihnen die dem Prediger entzogene Vikarey, und die halbe Vikarey Primā Missā für den Frühprediger und Schullehrer, wieder abtreten. Ihnen wurde auch das Schulhaus auf dem katholischen Kirchhofe eingeräumt. Auch bekamen sie das Recht, ihre Leichen sowol auf dem katholischen Kirchhofe als auch in der Kirche selbst mit allen Gebräuchen immer und beständig zu begraben; so wie auch die Glocken in gedachter Kirche jederzeit mit zum Gebrauche verblieben.

Die Pfarrkirche selbst blieb den Römischkatholischen. Doch da schon vor dem Jahre 1613 verschiedene Evangelischereformirte sich in der Stadt befanden, und ihren Gottesdienst erst im Steinhause zu Wattenscheid, und nachher auf den adelichen Häusern **Overdick** und **Gosewinkel**, durch benachbarte Prediger halten ließen, wobey sich besonders der Licentiat **Velthaus** von Bochum viele Mühe und Kosten machte, um die reformirte Lehre auszubreiten; so beriefen diese Glaubensgenossen endlich im Jahre 1634 zuerst zu ihrem eigenen und ordentlichen Prediger **Nicolaus Voxius oder Fuchs.** Dieser war vom Erzbischof von Kölln im Jahre 1624 aus Hilbeck vertrieben. Die Reformirten bekamen das Recht in der großen Kirche ihren Gottesdienst mit zu verrichten, und der gedachte Prediger **Fuchs** hielt am 14ten April auf Karfreytag des 1634sten Jahres darin seine Antrittspredigt. Der damals hieselbst zur Garnison liegende schwedische Obrist **von Wendt zum Crassenstein**, führte den Prediger ohne weitere Umstände in diese Kirche ein; welcher darin zu predigen ungestört bis im Jahre 1636 fortfuhr. Weil aber zu dieser Zeit den Reformirten das Simultaneum ungewöhnlich fiel, indem die Römischkatholischen ihren

der Stadt Bochum. 221

ihren Kirchendienst nie vor 10 Uhr des Morgens endigten, zudem auch die reformirte Gemeine nicht groß war, so wichen sie gutwillig aus der großen Kirche und fiengen nun an ihren Gottesdienst auf dem Schlosse zu halten. Sie behielten indeß vor wie nach den gemeinschaftlichen Gebrauch des Kirchhofes und der Glocken. Im Jahre 1641 bekamen sie auch die Vikarey des Sakraments oder Corporis Christi ganz, und im Jahre 1663 die Vikarey Georgii zur Hälfte, hierzu kam noch im Jahre 1656 die Michaelis Vikarey für den reformirten Schulmeister.

Mitlerweile hielten die Evangelischlutherischen ihren öffentlichen Gottesdienst in **Lappenhaus** in einer großen Kammer, und hernach auf dem Rathhause, welches zu diesem Behuf erweitert wurde. Ihr Prediger, nach der spanischen Verfolgung, war M. **Henrich Fabricius**; Er starb im Jahre 1634 und an dessen Stelle wurde im Jahre 1635 **Johann Ostermann** von der Gemeine berufen. Er war der Sohn des hiesigen Burgermeisters, **Matthäus Ostermann** genannt. Weil Er zur Zeit seines Berufs noch auf hohen Schulen war; so wurde die Gemeine so lange von einer andern tüchtigen Person bedient. Ostermann selbst ward im Jahre 1637 den 27. May in Dortmund ordinirt, und trat alsdenn die Pfarre in Bochum an, welcher er bis zur Zeit seines Todes im Jahre 1675 aufs treulichste vorstand. Zur Zeit seines Predigtamts wuchs die Gemeine bis auf 600 Kommunikanten an, der Raum auf dem Rathhause ward ihr zu enge, und man war auf eine besondre Kirche bedacht, deren Bau im Jahre 1655 angefangen wurde. Die Gemeine erhielt von vielen Orten her dazu sehr milde Beyträge. Zufolge des noch vorhandenen Colligirbuchs, bekam sie unter andern vom Könige von Dännemark 250 und vom Churfürsten zu Brandenburg 40 Reichsthaler, vom Herzoge zu Braunschweig 40 Dukaten, von der Stadt Dortmund 70, von der Stadt Essen 50 und von der Stadt Bochum selbst 150 Reisthaler; die Stadt Hattingen gab 60, die Kämmerey zu Lübeck 100 Rthlr.; Sogar Privatpersonen finden sich mit 200 Gulden bezeichnet. Die Kirche sollte anfänglich auf dem Plaze gebauet werden, bey des Schultheissen Hofe, wo vorher das Vikarienhaus gestanden, welches die Spanier zerstört hatten; weil solches aber der katholischen Kirche zu nahe war, so kaufte man den Brunsteinshof und bauete daselbst.

Der gedachte Pastor Johann Ostermann hat auf seinem Grabsteine vor dem Kirchaltare, folgende rühmliche Schrift:

1 Cor. 3. v. 10. 11.

Ao. 1675 d. Sat. ante Dom. Lætare obiit Rev. ac Doctissimus D. Johannes Ostermann Past. Aug. Conf. bochum: primarius

Hier liegt in dieser Gruft Herr Pastor Ostermann
Der um dies Tempels baw viel Arbeit uff sich nahm
Und der die Heerde Christ mit ohngespartem Fleiss
Bey 38 Jahr zum Grund der Wahrheit weiss.
Der Grund war Jesus Christ uff Jesu Blut und Tod
Er lebend sterben thut nun ist seine Seel bey Gott.

Ihm folgte im Amte sein Sohn **Johann Conrad Ostermann**, welcher gleich nach dem Tode seines Vaters, den 24. Märzmonats, ordinirt wurde. Er war mit **Ursula Magdalena Witgenstein**, einer Witwe des Doktoris **Sölling**, verheyrathet, und starb den 20. Nov. 1712, wurde auch bey seinem Vater in der Kirche begraben. Er ist der leibliche Vater des ehmaligen russischen Grafen **Henrich Johann Friederich Ostermann**, welcher bey Annahme der griechischen Religion sich **Andreas** nannte, und wegen seiner Schicksale, die in verschiedenen Biographien von Ihm beschrieben sind, berühmt ist, gewesen. Dieser Graf hatte noch einen Bruder, Joh. Christoph Diedrich genannt, welcher Freyherr in Rußland gewesen; ingleichen eine Schwester, welche mit einem gewissen **Steinweg** verheyrathet war, und noch einen Bruder, welcher der Aelteste von den Kindern des Johann Conrad Ostermanns gewesen und zu Jena als Doktorandus gestorben ist; noch zwey Geschwister starben in der Kindheit. Der Graf Ostermann ist im Jahre 1687 den 9. Julius gebohren, und den 13. Julius hieselbst getauft. Er starb im Jahre 1745. Ich habe dieses beyläufig anführen wollen, weil in den Lebensbeschreibungen desselben manches unrich-

der Stadt Bochum. 223

unrichtiges wegen seiner Familie und Geburt angegeben wird. Meine Nachrichten sind aus dem hiesigen Kirchenbuche genommen, woselbst sie von der eigenen Hand des Pastoris Ostermann aufgezeichnet sind.

Nach dem Tode dieses Predigers, im Jahre 1713, wurde an seine Stelle berufen **Bernd Ludolph Hausemann.** Er hielt am 3ten Sonntage nach Trinitatis, im J. 1714, hier seine Antrittspredigt, war einige Zeit Subdelegat der bochumschen Klasse, und starb im J. 1720 den 30. May. Dieser war ein gelehrter Mann. Er hat außer verschiedenen Leichenreden eine **Vertheidigung des absonderlichen Predigerberufs,** gegen des Predigers Märcker in Essen **Rettung der Lehrfreyheit,** im J. 1704 im Druck gegeben.

Ihm folgte im Jahre 1721 im Amte, **Ernst Henrich Bordelius,** welcher schon seit dem J. 1717 erst in Castrop und nachher in Verbert als Prediger gestanden hatte. Er wurde im J. 1741 Subdelegat der bochumschen, um im J. 1753 Oberinspektor der märkischen Predigerklasse, und starb den 3. Hornung des J. 1777 im 83sten Jahre seines Lebens und im 60sten seines Predigeramts. Er war ein gründlich gelehrter und sehr musterhafter Mann, und hatte nicht allein das Vergnügen im J. 1755 am 26sten April das 100jährige Jubelfest der zu Bochum gestifteten evang. lutherischen Kirche, sondern auch im J. 1767 sein eigenes 50jähriges Amtsjubelfest zu begehen. Auch wurde ihm noch bey seinem Leben, im J. 1772 den 14. May, durch einstimmige Wahl der Gemeine, sein würdiger und gelehrter Sohn, Herr **Moritz Johann Wilhelm Bordelius,** beygefügt; welcher schon seit dem J. 1751 Prediger zu Weitmar und nachher zu Hörde gewesen war, und zu Bochum als erster Prediger, am 13. Christmonats des gedachten 1772sten Jahrs, eingeführt wurde. Derselbe steht noch jetzt der hiesigen evang. lutherischen Gemeine aufs treulichste vor.

Was ich von der Reformation hier gesagt habe, ist meistens aus dem 16ten Stück der **von Steinenschen Westph. Gesch.** genommen; von Steinen aber hat alle diese Nachrichten, wie er selbst Seite 147 sagt, keinem andern als gedachtem Herrn Pastor Bordelius, ehmals Predigern in Weitmar, zu verdanken gehabt.

Ff 2 Was

224 Vom ehemaligen und jetzigen Zustande

Was die ev. reformirte Gemeine in Bochum betrift, so kam nach dem Absterben des obengedachten Predigers Fuchs oder Vorius im Jahre 1642 **Augustinus Camerarius** an dessen Stelle, und hielt am 18. Sonntage nach Trinitatis seine Antrittspredigt. Er war ein gelehrter Mann, ließ im J. 1653 eine Schrift unter dem Titel: **Einfältiger Bericht vom heil. Abendmahl,** drucken, und bekam darüber mit Johann Zythopäus, aus Dortmund, einen heftigen Federkrieg. Im J. 1657 wurde er vom Schlage gelähmt. Die Dienste für ihn verrichtete ein Kandidat, **Henrich Mylaus** genannt, und dieser wurde auch im J. 1658, den 28. Hornung, zum Prediger hieselbst erwählet; und weil **Camerarius** am 16. April dieses Jahrs starb, so folgte er demselben in seiner Bedienung. Zu dieser Zeit vermehrte sich die Gemeine so sehr, daß sie auf dem Kirchensaal des Schlosses keinen Raum mehr hatte, und man fieng also im J. 1691 an, eine besondre Kirche zu bauen; diese ward im J. 1698 fertig, und am 7. Sept. von gedachtem Henrich Mylaus eingeweihet. Er starb im J. 1715 den 20. Jenner im 58sten Jahre seines Predigeramts, und hatte seinen Sohn **Johann Conrad Mylaus** zum Nachfolger, welcher am 15ten Jenner 1716 gewählt wurde. Dieser starb am 29ten Junius 1731, und an seine Stelle wurde am 20ten Maymonats 1732 **Johann Jacob ab Erberfeld** berufen. Als dieser im Maymonate des Jahrs 1753 gestorben war, wurde der neuberufene **Andreas Siebels** am 11ten Aug. 1754 zum Prediger eingesetzt. Sein Tod erfolgte am 13ten May 1758, und ihm folgte im Amte am 20ten Christmonats 1759, **Carl Joseph Lotharius Werli.** Dieser starb im Jahre 1780, den 7ten Christmonats, und im folgenden Jahre kam an seine Stelle Herr **Johann Wilhelm Brinckmann,** welcher noch jetzt aufs rechtschaffenste und rühmlichste als Prediger der Gemeine dienet.

Uebrigens ist sehr zu rühmen, daß sowol die jetzige Herren Geistlichen, als auch überhaupt die drey christliche Religionspartheyen dieser Stadt, sich sehr friedlich und tolerant gegen einander betragen, und in langer Zeit unter ihnen keine Uneinigkeit geherrscht habe. Die Einwohner der Stadt sind meist der evangelischlutherischen Religion zugethan; die reformirte Gemeine ist sehr klein. Im Amte machen die Römischkatholischen den größten Haufen aus.

§. 43.

Andreas Graf von Ostermann, Ehmaliger Rußisch-Kayserl. Staats-Minister, wie auch Reichs-Vice-Canzler und Gros-Admiral von Rußland.

Heinrich Graf Ostermann (1687–1747), in Bochum als Sohn eines lutherischen Pfarrers geboren, brachte es in Rußland zum Premierminister. 1742 wegen angeblichen Verrats verurteilt, starb er in der sibirischen Verbannung.

Kupferstich. Stadthistorische Sammlung, Haus Kemnade.

der Stadt Bochum.

§. 43
Vorgefallene Merkwürdigkeiten in der Stadt.

Ob etwas wichtiges hieselbst vorgefallen sey, als der Ort noch den ehmaligen Grafen von Kobbenheim und Buichen zugehöret hat, kann ich nicht sagen. Der Ort ist damals zu unbeträchtlich gewesen, als daß man in den Jahrbüchern von seinen Schicksalen etwas aufzuzeichnen, sich die Mühe genommen haben solte. Ich habe wenigstens in den Dortmundischen, Essendischen und andern geschriebenen Chroniken, nichts sonderliches hievon auffinden können. Was ich gefunden und sonst sicher erfahren habe, ist folgendes:

Im Jahre 1377, den 22ten Nov., kam, laut verschieden Dortmundischen Chroniken, Karl der Vierte, römischer Kayser und König von Böhmen, von Soest nach Dortmund. Die Dortmunder, welche von der Ankunft dieses Monarchen Nachricht hatten, zogen ihm mit 200 Pferden und einem Haufen Fußvolks bis Unna entgegen, und der Rath nebst der Geistlichkeit empfieng Ihn an den Grenzen des Dortmundischen Gebiets mit vieler Feyerlichkeit und führte Ihn in die Stadt. Der Kaiser blieb den folgenden Tag bey ihnen. Mitlerweile stellte sich Graf Engelbert von der Mark vor der Stadt ein, um dem Kaiser seine Aufwartung zu machen, und der Einzug mit 50 Pferden wurde ihm erlaubt. Dem Grafen von Berg aber, welcher ein großes Heer bey sich hatte, und in eben der Absicht kam, solte nur der Einzug mit 40 Pferden bewilligt werden, weil ihm die Dortmundischen nicht traueten, da er sich im vorigen Jahre feindselig gegen sie betragen hatte; Graf Wilhelm von Berg zog also unwillig wieder fort. Am dritten Tage nach seiner Ankunft, nemlich den 24. Nov., zog der Kaiser des Morgens wieder weg. Graf Engelbert begleitete Ihn nebst den Dortmundischen Bürgern. Die lezteren wurden vom Kaiser beurlaubet, als sie zu Lütgendortmund angekommen waren.

So weit gehet der Bericht der Dortmundischen Chroniken von dieser Reise des Kaisers. Aber in einem handschriftlichen Verzeichnisse der Abtissinnen, welche im Stifte Essen regieret haben, finde ich, daß den 24. Nov. des J. 1377 Kaiser Karl IV. als er von Dortmund gekommen, in Essen angelanget und von der Abtissin Elisabeth herrlich empfangen,

Ff 3 auch

auch nach etlichen Tagen von da weiter nach Duisburg gereiset sey. In seinem Gefolge sey der Herzog von Braunschweig, der Herzog von Lüneburg, Graf Engelbert von der Mark und Graf Wilhelm von Berg gewesen. Aus diesen Nachrichten gehet also hervor: **daß gedachter Kaiser Karl der Vierte am 24. Nov. 1377 durch das Städtchen Bochum passirt sey**, weil von Lütgendortmund aus kein anderer Weg nach Essen führt, und die leztere Stadt nur 3 Stunden von hier entfernt ist.

Es ist wol gewiß, daß die vielen Kriege welche in diesen Gegenden, von den Grafen **Eberhard I.** und **Friederich**, im 12ten Jahrhunderte; so wie von **Adolph III.**, **Engelbert I.** und **Eberhard II.** im 13ten Jahrhunderte; imgleichen von **Engelbert II.**, **Adolph IV.**, **Engelbert III.**, **Diederich**, **Adolph V.** im 14ten Jahrhunderte, und endlich vom Grafen **Adolph VI.** nachherigen Herzog von Cleve, und dem Herzoge **Johann I.** im 15ten Jahrhunderte, bald mit dem einen bald mit dem andern Nachbaren, geführt worden sind, einen mittelbaren oder unmittelbaren Einfluß auf die Schicksale dieses Orts gehabt haben müssen, so wie sie es auf andre mehr bekannte und beträchtliche Städte und Dörfer der Grafschaft Mark hatten. Es ist zwar davon in keinem Jahrbuche etwas sonderliches aufgezeichnet, jedoch habe ich in der eigenhändigen Schrift des **Mülherr**, welche den Titel führt: origines & notitia liberæ imperialis tremoniæ ab ævo ejusdem fundatoris Caroli magni ad nostra usque tempora, gefunden, daß, als im J. 1388 der köllnische Erzbischof Friedr. von Sarwerden und Graf Engelbert, nebst mehrern Bundsgenossen, die Stadt Dortmund belagert hatten, diese Belagerten sich tapfer vertheidigt, öftere Ausfälle und nächtliche Streifereyen vorgenommen, und unter andern in der Nacht ante festum Conceptionis B. Mariæ, bey **Bockum** eine Menge Vieh weggenommen haben, welches an Werth die damals große Summe von 50 Rheinischen Gulden betragen hat.

Im Jahr 1493 ist, nach **Spormachers**, in dessen Chronik von Lünen, und anderer Jahrbücher Bericht, in dieser ganzen Gegend eine so wohlfeile Zeit gewesen, daß man ein Malter Rocken, ein Malter Weizen, ein Malter Hafer, ein Malter Gersten, eine Tonne Heringe, ein

der Stadt Bochum. 227

Quart Wein, ein fettes Huhn, ein Pfund Flachs, eine Reihe Brod, alles zusammen für 3 Goldgulden kaufen konnte.

Im J. 1504, in der Bartholomäus Nacht, soll der Ort durch Erdbeben gelitten haben. So habe ich in einer alten Nachricht gefunden. Der oben angeführte **Spormacher** erwähnet gleichfals dieses durch ganz Westphalen verspürten starken Erdbebens.

Im J. 1517, Freytags vor Maytag, ist, nach **Teschenmachers** und **Mülherrs** Bericht, die ganze Stadt abgebrannt. Andern Nachrichten zufolge soll dieses Unglück am 5ten May geschehen seyn.

Im J. 1529 herrschte hieselbst, so wie in der ganzen Grafschaft Mark und in andern Ländern, die neuentstandene ansteckende Krankheit, welche man den englischen Schweiß nannte.

Im J. 1554 wüthete die Pest in der Stadt sehr, und rafte fast alle Einwohner weg.

Im J. 1581, den 28. Sept., verbrannten in der Stadt abermals 110 Häuser.

Im J. 1598 musten die evangelischen Einwohner der Stadt vieles von den Spaniern leiden; auch

Im J. 1604 wurde die Stadt von denselben übel geplagt; am grausamsten wurden sie aber

Im J. 1623 von ihnen behandelt. Der Anführer der Spanier, **Don Cordua**, war besonders den Evangelischen ein rechter Tyrann. In eben diesem Jahre wüthete abermals hieselbst die Pest.

Im J. 1636 herrschte nochmals die Pest, und riß viele Einwohner weg. In eben diesem Jahre, so wie

Im J. 1643 litte die Stadt von den damaligen Kriegesunruhen sehr vieles. Es sind aus gedachten beiden Jahren noch zwey Sauvegardebriefe vom Prinzen Henrich von Oranien im rathhäuslichen Archive vorhanden, worin der Bürgerschaft für die Zukunft aller Schutz und Sicherheit zugesagt wird.

Im J. 1655 wurde der Bau der ev. luther. Kirche angefangen.

Im J. 1684 entstund abermals ein Brand in der Stadt, wodurch besonders das Schloß oder jetzige Rentheyhaus sehr beschädigt wurde.

Im J. 1691 wurde der Anfang zum Bau der ev. reformirten Kirche gemacht.

Im

Von der Stadt Bochum.

Im J. 1716, den 23. Junius, Abends zwischen 5 und 6 Uhr, kam König Friederich Wilhelm I. in Begleitung des Hrn. von Grumbkow und des Generals von Dörfling durch diese Stadt.

Im J. 1749, den 15 und 16. Sept., wurden von der sämtlichen vereinigten Bürgerschaft die Fohrgänge zur Bestimmung der Stadtgrenzen gehalten.

Im J. 1755, den 11. Junius, zündete ein Blitz den großen Kirchthurm an, daß er an allen 4 Ecken brannte. Durch die Bemühung eines grade damals wegen einiger Vergehungen hieselbst im Gefängniß sitzenden fremden Schieferdeckers, welcher sich in Gefahr zu geben anbot, und durch andre gute Anstalten, wurde das gefährliche Feuer glücklich gelöscht. In eben diesem Jahre, in der Nacht vom 26 auf den 27. Christmonats, verspürte man hieselbst, so wie in der ganzen Provinz, ein starkes Erdbeben.

Im siebenjährigen Kriege litte die Stadt von öftern Einquartirungen, Brandschatzungen und andern Plagen der Franzosen und ihrer Bundsgenossen vieles. Im J. 1760 wurde besonders von der hieselbst stehenden französischen Hauptarmee das unreife Korn reine weggeschnitten. Eine ähnliche Fouragirung hatte sie schon in einem der vorigen Jahre betroffen.

Im J. 1768, den 7. Junius, schlug der Blitz in die reformirte Kirche, beschädigte auch ein in der Nähe der Kirche liegendes Haus. Doch war der Schade nicht sehr beträchtlich.

In noch einigen folgenden Jahren hat der Blitz zweymal in den großen Thurm, ebenfals ohne sonderliche Beschädigung, eingeschlagen.

Im J. 1788, den 9. Junius Vormittags, reisete unser geliebtester König Friederich Wilhelm II. nebst seinem Kronprinzen und einem ansehnlichen Gefolge, durch diese Stadt nach Cleve.

Berichtigung.

§. 5. der Beschreibung von Bochum ist gedruckt:
Dorneburg gehört der Familie von Dobbe, und
Nosthausen der Familie von Ruschinski.

Es muß aber heißen:
Dorneburg gehört der Familie von Ruschinski, und
Nosthausen der Familie von Dobbe.

Kaiser Karl IV. 1377/78 auf seiner Reise nach Paris, hinter ihm sein Sohn König Wenzel von Böhmen und seine Gemahlin Elisabeth von Pommern mit ihren Hofdamen.

Illustration aus der sog. "Prachthandschrift" der Goldenen Bulle, um 1400.

Anhang

Personenregister

Abeli, Adolph, Rektor in Bochum 112, 218
Adolph von Altena, Erzbischof von Köln 71
Adolph I., Herzog von Kleve (= Adolf VI., Graf von der Mark) 51, 52, 117, 135
Adolph III., Graf von der Mark 53, 64, 72, 106, 226
Adolph IV., Graf von der Mark 226
Adolph V., Graf von der Mark 72, 226
Adolph VI., Graf von der Mark (= Adolf I., Herzog von Kleve) 226
Aldenbockum, Familie von 53
Aldenbockum, Johann van, Droste in Bochum 204
Arnold von Altena 71
Aschebrock, Johann von der Derneborch gen., Droste in Bochum 203
Behmer, Jodocus Wilhelm, Pfarrer in Bochum 217
Berswordt, Familie von 60
Berswordt, Johann von 70
Blech, Michael, Rektor in Bochum 113
Bodde, Eberhard, 95jährig 120
Bodelschwingh, Johann von, Schultheiß von Bochum 134
Bodelschwingh, Familie von 134
Bodelschwingh, Ernestus Specke de, Droste in Bochum 203
Boemken, Johann, Pfarrer in Bochum 217, 218
Boenen, Familie von 60
Bölling, Christian Joh. Diedrich, Landgerichtsassessor in Bochum 214
Bölling, Johann Adolph Engelbert, Landrichter in Bochum 214
Borch, Familie von der 61
Bordelius, Anton Friedrich, Kaufmann in Lübeck 110
Bordelius, Ernst Henrich, Pastor in Bochum 223
Bordelius, Moritz Johann Wilhelm, Pastor in Bochum 223
Boy, Johann Ernst de, 1. Ratsherr von Bochum 135
Brinckmann, Johann Wilhelm, Pastor in Bochum 224
Brockhaus(en), Friedrich Wilhelm, Duisburger Doktorand aus Bochum 54
Brüggen, Herr von 109
Brüggeney, Wennemar van, Droste in Bochum 203
Brunswick, Berthold, Pfarrer in Bochum 217
Buckelkamp, Johann, Pfarrer in Bochum 217
Buichem (Bochum), Grafen von 107
Camerarius, Augustinus, Pastor in Bochum 224
Castropius, Johann, Rektor in Bochum 112
Christiani, Hans Jürgen, Rektor in Bochum 112
Cobbenheim (Bochum), Familie von 54, 71

Cobbo, Graf 54, 71, 132, 216
Danielis, Matthias, Richter in Bochum 204, 220
Darenborg, Rütger de, Droste in Bochum 203
Delwig, Melchior van, Droste in Bochum 204
Derneborch gen. Aschebrock, Johann van der, Droste in Bochum 203
Diederich, Graf von der Mark 226
Dietrich von Isenburg 53
Dinsing, Detmar van, Droste in Bochum 204
Dobbe, Familie von 61, 228
Don Cordua, span. Heerführer 227
Dörfling, General von 228
Dörhoff, Aleph, Pastor in Bochum 113
Droste, Familie von 59
Dücker, Hendrich, Droste in Bochum 203
Dücker, Tönnis 73
Düngellen, Familie von 58, 60
Ebbinghaus, Melchior, Pastor in Bochum 218, 219
Eberhard I., Graf von Altena 71, 226
Eberhard II, Graf von der Mark 52, 65, 76, 226
Ecker, Johann Christoph, Stadtsekretär und Postmeister von Bochum 135
Egbertus, Missionar 216
Eickel, Didrich van, Droste in Bochum 203
Eickel, Tabo von, gen. der Heide 70, 216
Elbers, Diedrich, Schultheiß in Bochum 218
Elbers, Familie 135
Elisabeth, Äbtissin von Essen 225
Elverfeldt, Familie von 61
Engelbert I., Graf von der Mark 226
Engelbert II., Erzbischof von Köln 51, 71
Engelbert II., Graf von der Mark 52, 64, 66, 106, 114, 202, 226
Engelbert III., Graf von der Mark 225, 226
Erberfeld, Johann Jacob ab, Pastor in Bochum 224
Erdemann, Caspar, 95jährig 120
Essellen, Familie von 58, 63, 77, 135
Essellen, Friedrich Henrich Diedrich von, Schultheiß von Bochum 135
Essellen, Johann Friedrich Diedrich von, Landrichter in Bochum 214
Ewalde, die beiden, Missionare 216
Fabricius, M. Henrich, Prediger in Bochum 221
Fabritius, M. Henrich, Rektor in Bochum 113
Felicitas, Heilige 108
Feltmans, Clara, 98jährig 120

Flügel, Wilhelm, 2. Bürgermeister von Bochum 135
Friedrich von Isenburg 71, 72, 106
Friedrich von Altena 226
Friedrich von Saarwerden, Erzbischof von Köln 52, 72, 226
Friedrich Wilhelm I., König von Preußen 64, 69, 194, 228
Friedrich Wilhelm II., König von Preußen 228
Fuchs (Voxius), Nicolaus, Prediger in Bochum 220
Galen, Sander van 203
Gelenius, Johannes und Aegidius, Kölner Geschichtsschreiber 51, 52, 72
Gerhard, Graf von Jülich u. Berg 72
Gerhardus, Richter in Bochum 204
Gert von Kleve 51, 52, 135
Gildemeister, Nikolaus, Rektor (Schullehrer) in Bochum 112, 219
Grimberg, Johann van dem, Droste in Bochum 203
Grolmann, Familie von 135
Grumbkow, Herr von, preuß. Rat 228
Hackenberg, Johann, Freigraf in Bochum 205
Hathewig, Äbtissin von Herdecke 52, 64
Hausemann, Bernd Ludolph, Pastor in Bochum 223
Heeden, Peter Christoph, Rektor in Bochum 113
Heinrich, Herzog von Limburg 53, 64
Heinrich, Prinz von Oranien 227
Heinrich von Mollenarck, Erzbischof von Köln 72
Hembecke, Wessel von der, Richter in Bochum 204
Hermann II., Erzbischof von Köln 53, 63, 71
Herschel, Christian Ernst, Rektor in Bochum 113
Hilger, Adolf, 100jährig 120
Hinccius, Anton, Kapellan in Bochum 219
Hugenpoth, Hermann, Richter in Bochum 204
Hugenpoth, Wilhelm von 108
Hugo, Richter in Bochum 204
Hunoldus, Pleban zu Bochum 106
Hüttemann, Moritz, Pfarrer in Bochum 217
Imma von Stiepel 106
Isselstein, Familie von 59
Jacobi, Georg Friedrich, Bürgermeister von Bochum 135
Johann I., Herzog von Kleve 226
Johann II., Herzog von Kleve 64, 194
Johann Wilhelm, Herzog von Kleve 218
Kaetenberg, Friedrich, gen. Vietor, Rektor in Bochum 112
Kals, Joh. Wilhelm, Landgerichtsschreiber in Bochum 214, 21

Kampmann, Moritz Diedrich, 2. Ratsherr von Bochum 135
Karl der Große 70, 71, 215-216
Karl IV., Kaiser, König von Böhmen 225, 226
Kayser, Johann, Schriftsteller 53
Kobbenheim u. Buichen (Bochum), Grafen von 225
König, Friedrich Franz Henrich, Richter in Bochum 204
Konrad von Hochstaden, Erzbischof von Köln 72
Kramwinkel, Peter 110
Kumpsthoff, Georg Willbrand, Richter in Bochum 204
Kuschinski, Familie von 61, 228
Ladesger, Jodocus, Pfarrer in Bochum 217
Lamel, Johann, Barbier 108
Lamers, Familie von 60
Landmann, Christian Sigismund, Landrichter in Bochum 214
Leithen, Familie von der 58, 60
Lennep, brandenburg. Rat 69
Lennich, Gerhard, Richter in Bochum 204
Loe, Johannes de, Droste in Bochum 204
Lückers, Catharina, Witwe Fiege, 95jährig 120
Märcker, Prediger in Essen 223
Margaretha von Jülich u. Berg 72
Marhülß, Droste in Bochum 204
Marten, Tönnis de, Droste in Bochum 203
Matthäi Henrich, Rektor in Bochum 113
Melschede, Familie von 58
Mercator, Gerhard, Geograph 52
Merian, Matthäus, Kupferstecher 52
Mulherr (Mülherr), Detmar, Dortmunder Geschichtsschreiber 226
Myläus, Henrich, Pastor in Bochum 224
Myläus, Johann Conrad, Pastor in Bochum 224
Natorp, Joh. Diedrich, Landgerichtsassessor in Bochum 214
Nefeling, Jürgen, 90jährig 120
Nehlmann, Henrich, 89jährig 121
Nehring, Joh. Moritz, Pfarrer (Primissarius) in Bochum 217
Nesselrode, Familie von 59
Nesselrode, Joh. Hermann Franz, Graf von, kaiserl. Feldmarschall 109
NN., Witwe, 90jährig 121
Nölle, Peter, 89jährig 121
Ostermann, Henrich Johann Friedrich, Graf, russ. Premierminister 222
Ostermann, Johann, Pastor in Bochum 221, 222
Ostermann, Johann Christoph Diedrich, Freiherr 222

Ostermann, Johann Conrad, Pastor in Bochum 221, 222, 223
Ostermann, Matthäus, Bürgermeister in Bochum 221
Ostermann, N. (Tochter), verehelichte Steinweg 222
Overdyk, Herr zu 133
Pallandt, Familie von 61
Perpetua, Heilige 108
Pistorius, Friedrich, Pfarrer in Bochum 219
Prinzen, M. L. von, brandenburg. Rat 70
Pütter, Familie 60
Quad(en), Matthias, Geograph 51, 54
Rappius, M. Johann, Rektor in Bochum 112
Rebenscheid, Georg, Rektor in Bochum 112
Reck, Familie von der 58
Reck, Freiherr von 113
Recke, Johann van der, Droste in Bochum, 204
Rixa von Calle, Äbtissin von Herdecke 111
Romberg, Familie von 60
Rump, Gerard Arnold, Geschichtsschreiber 71
Rump, Familie von 59
Saturninus, Märtyrer 108
Schele zu Schellenberg, Familie von 59
Schell, Familie von 58, 60
Schilling, Johannes, hildesheim. Kanzler 107
Schluck, Anton, Prediger in Volmarstein 219
Schluck, Diedrich, Rektor in Bochum 112, 218, 219
Schluck, Hildebrand, Prediger in Oberwengern 219
Schröder, Joh. Gottfried, Akziseinspektor in Bochum 80
Schulte, Johann, Rektor in Bochum 113
Schüren, Brvyn van, Droste in Bochum 204
Seelen, Herr von, preuß. Major, Droste in Bochum 204
Seisseld'air, Familie von 58
Siebels, Andreas, Pastor in Bochum 224
Solines, Witwe, 90jährig 121
Sölling, Dr. Anton 222
Spaen, Gert, Richter in Bochum 204
Specke, Ernestus, de Bodelschwingh, Droste in Bochum 203
Specke, Gyselbert, Schultheiß von Bochum 134
Spliethoff, Joh. Friedrich, 96jährig 121
Spormacher, Georg, Geschichtsschreiber 226, 227
Stangenfol, Hermann, Geschichtsschreiber 53
Steinberg, Rembert, Rektor in Bochum 112

Steinen, Joh. Diederich von, Geschichtsschreiber 49, 51, 52, 53, 54, 61, 71, 72, 111, 205, 215, 218, 223
Steinhaus, Henrich, Richter in Bochum 204
Steinkamp, Gertrud, 100jährig 120
Stoot, Anna Magdalena, 92jährig 121
Stoot, Elbert, 95jährig 120
Straatmanns, Witwe, 90jährig 121
Strünkede, Conrad von, Droste in Bochum 204
Sudhaus, Familie von 58
Suibertus, Missionar 216
Syberg, Familie von 59
Syberg, Georg von, Droste in Bochum 204
Syberg, Jan Georg von, Droste in Bochum 204
Syberg, Johann Didrich von, Droste in Bochum 204
Tacitus, röm. Geschichtsschreiber 54
Teewag, Johann Daniel, Rektor in Bochum 113
Teschenmacher, Werner, Geschichtsschreiber 52, 113, 219
Tiemann, Peter, 90jährig 120
Tölner, Wilhelm, Prediger in Bochum 218
Tospelle, Gobbele van, Freigraf in Bochum 205
Vaerst, Familie von 58
Vaerst, Mattheis von, Droste in Bochum 204
Velthaus, Licentiat in Bochum 220
Weffelings, Jörgen, 90jährig 120
Wember, Joh. Wilhelm, Pfarrer in Bochum 217
Wendt, Familie von 59
Wendt zum Crassenstein, Herr von, schwedischer Obrist 220
Wenge, Familie von 61
Werli, Carl Joseph Lotharius, Pastor in Bochum 224
Westhusen, Gerlach de, Droste in Bochum 203
Wilhelm, Graf von Berg 225, 226
Wittgenstein, Ursula Magdalena, Ehefrau Sölling, dann Ostermann 222
Zythopäus, Johann, Prediger in Dortmund 224

Ortsregister

Alstede, Rittersitz/Castrop-Rauxel 60
Altena 72
Altenbochum 55, 114
Annen (Ammen!)/Witten 56
Aplerbeck/Dortmund 216
Aschenbrock/Bochum-Wattenscheid 57, 61
Aspel/Rees am Niederrhein 72, 73
Balken, Rittersitz/Gelsenkirchen 59
Bärendorf/Bochum-Weitmar 56, 60
Baukau/Herne 57
Bergisches Land 62, 75, 78
Berlin 191, 194
Behringhausen (Berninghausen)/Castrop-Rauxel 57
Bickern/Herne 57, 61
Bladenhorst/Castrop-Rauxel 57, 60
Blankenstein 69, 71, 213
Bochum, hist. Ortsnamen s. unter: Buichem, Cobbonisheim, Cobucheim, Cofbuchem, Kaubaukum, Kobucheim, Kofbucheim
Bockholt/Bochum-Harpen 131, 132
Bodelschwingh, Rittersitz/Dortmund 205
Böhmen 225
Börnig (Bornick)/Herne 57
Bövinghausen/Dortmund 56, 57
Brandenburg 220, 221
Brantrop/Bochum-Weitmar 57
Braubauerschaft/Gelsenkirchen 56, 57
Braunschweig 221, 226
Brenschede/Bochum 58
Brenschederheide/Bochum 55-56
Buichem (Bochum), Grafschaft 51, 52, 54
Bulksmühle/Bochum 63, 116, 118
Bulmke/Gelsenkirchen 56
Castrop 55, 57, 60, 118, 223
Cobbonisheim (Bochum) 51, 54
Cobucheim (Bochum) 54, 63, 71, 72
Cobuchem (Bochum) 53
Crange/Herne 55, 56, 59
Dahlhausen/Bochum 58, 60
Dänemark 221

Dellwig/Dortmund 59
Dinsing, Rittersitz/Gelsenkirchen 59
Dorneburg, Rittersitz/Herne 61, 228
Dortmund 61, 62, 74, 214, 216, 217, 219, 221, 224, 225, 226
Duisburg 54, 214, 226
Deutz (Duitz)/Köln 63, 71
Düngelerhof, Rittersitz/Castrop-Rauxel 60
Düren/Witten 56, 57
Ebstorf (Ebbecksdorf)/Uelzen i. Niedersachsen 71
Eickel/Herne 55, 57, 60, 61, 70, 105, 112, 116
Eiberg (Eilberg)/Essen 56
Elsey/Hagen-Hohenlimburg 52
Emscher 62, 118, 119, 216
Eppendorf/Bochum-Wattenscheid 56, 112
Essen 62, 70, 74, 109, 116, 117, 214, 216, 221, 223, 225, 226
Freisenbruch (Freisenbroik)/Essen 56
Frohlinde/Castrop-Rauxel 57
Gelsenkirchen 55, 56, 58
Gerthe/Bochum 56
Gysenberg, Rittersitz/Herne 60
Gohr, Rittersitz/Gelsenkirchen 58
Goldhamme/Bochum 56
Goldschmieding, Rittersitz/Castrop-Rauxel 60
Gosewinkel, Rittersitz/Herne 61, 220
Goy, Rittersitz/Bochum 58
Grimberg/Gelsenkirchen 55, 56, 58, 59, 109
Grumme/Bochum 55, 215
Günnigfeld/Bochum-Wattenscheid 57
Habinghorst (Habichhorst)/Castrop-Rauxel 57
Hagen 72, 73, 204
Hamm 51, 72, 191, 194
Hamme/Bochum 56
Harpen/Bochum 55, 56, 59, 118, 131
Hattingen 71, 78, 122, 214, 221
Havkenscheid/Bochum 56, 58
Heide, Rittersitz/Dortmund 59
Heidnocken/Bochum 125
Herbede/Witten 205, 215
Herdecke 52, 64, 111
Herne 55, 57
Hessler/Gelsenkirchen 56

Heven/Witten 60
Hilbeck/Hamm 220
Hiltrop/Bochum 57
Hoerde/Dortmund 56, 223
Hofstede/Bochum 56
Holland 120
Holsterhausen/Herne 57
Holte/Dortmund 56, 59
Holthausen/Castrop-Rauxel 57
Höntrop/Bochum-Wattenscheid 57
Hordel/Bochum 57
Horst, Gericht und Rittersitz/Essen 56, 59, 205
Hörstgen, Rittersitz/Herne 61
Horsthausen/Herne 57
Hüllen/Gelsenkirchen 57
Hundhamme/Bochum 56
Hurl, Rittersitz/Bochum 61
Isenburg/Hattingen 71
Iserlohn 51
Jena 222
Kamen 51
Kaubaukum (Bochum) 53
Kemnade/Hattingen 59
Kleve 69, 73, 80, 194, 213, 216
Kley/Dortmund 56
Kobeysem, Meierhof/Bochum 54
Kobucheim (Bochum), Gericht 72
Kofbucheim (Bochum), Gericht 52
Kölln a. d. Spree/Berlin 126
Köln 52, 71, 72, 216, 220
Kölnisches Land 62, 76
Königsmühle, Rittersitz/Dortmund 59
Königssteele/Essen 55, 56, 59
Kornharpen/Bochum 56
Kortenburg, Rittersitz/Castrop-Rauxel 60
Krawinkel, Rittersitz/Bochum 58, 135
Krengeldanz, Rittersitz/Witten 58, 135
Laer/Bochum 56, 58, 60, 216
Lakenbruch, Rittersitz/Herne 61
Langendreer/Bochum 55, 57, 61
Leithe, Rittersitz/Bochum-Langendreer 61

Leithe, Rittersitz/Gelsenkirchen 59
Linden/Bochum 55, 56, 59
Linn/Krefeld 72
Lübeck 221
Lüdenscheid 205
Lüneburg 226
Lünen 51, 214
Lütgendorp, Rittersitz/Bochum-Harpen 59
Lütgendortmund/Dortmund 55, 56, 59, 225, 226
Lyren, Rittersitz/Bochum-Wattenscheid 61
Mark, Grafschaft 49, 51, 57, 62, 72, 73, 80, 213, 215, 216, 217, 226, 227
Markbrücke (Maarbrücke)/Bochum 63, 116
Marmelshagen/Bochum 56
Marten/Dortmund 56, 59
Merklinde/Castrop-Rauxel 57, 60
Münster 52, 71, 216
Nevel/Bochum-Weitmar 57
Nieden, Haus zur, Rittersitz/Bochum-Langendreer 61
Nosthausen, Rittersitz/Bochum-Hordel 58, 61, 228
Obercastrop/Castrop-Rauxel 57
Oberwengern/Herdecke 219
Oespel/Dortmund 56
Orsoy a. Niederrhein/Rheinberg 72
Osnabrück 71, 216
Overdyk, Rittersitz/Bochum 58, 220
Paderborn 53
Pöppinghausen/Castrop-Rauxel 57
Preußen 73
Querenburg/Bochum 56
Rahm/Dortmund 56
Rauxel/Castrop-Rauxel 57
Rechen/Bochum 58, 63
Recklinghausen 62
Rees a. Niederrhein 72, 73
Rhein 118, 216
Riemke/Bochum 56
Röhlinghausen/Herne 57
Rotheschür, Rittersitz/Bochum-Weitmar 60, 63
Ruhr 62, 119
Schadeburg, Rittersitz/Castrop-Rauxel 60
Schalke/Gelsenkirchen 56

Schwarzemühle, Rittersitz/Gelsenkirchen 59
Schwelm 72, 73
Schwerte 51
Sevinghausen/Bochum-Wattenscheid 57, 61
Sodingen/Herne 57, 61
Soest 225
Somborn/Bochum 56, 57
Stalleicken/Bochum-Wattenscheid 57
Steele/Essen 56, 62
Steinkuhle/Bochum 58
Stiepel/Bochum 105, 106, 205
Stockum/Witten 56, 57
Strünkede/Herne 55, 57, 61
Suntum (Suethum) b. Bochum 52
Sypen, Rittersitz/Bochum 58
Tecklenburg 71
Ueckendorf/Gelsenkirchen 57
Uemmingen/Bochum 55, 56, 60, 105, 205
Unna 51, 225
Varenholt/Bochum-Weitmar 57, 60
Vörde, Rittersitz/Castrop-Rauxel 60, 218
Volmarstein/Wetter 219
Wattenscheid/Bochum 55, 57, 61, 62, 219, 220
Weitmar/Bochum 55, 56, 60, 105, 223
Werden/Essen 112, 216
Werne/Bochum 56, 57
Westenfeld/Bochum-Wattenscheid 57
Westerholt/Gelsenkirchen-Buer 60
Westfalen 51, 227
Westrich/Dortmund 56
Wetter 218
Wiemelhausen/Bochum 56, 78
Wiesche, Haus zur, Rittersitz/Bochum 59
Wischlingen, Rittersitz/Dortmund 59
Witten 58, 122, 205
Wullen/Witten 56

Fotonachweis: S. 62/63: Nordrhein-Westfälisches Staatsarchiv Münster, S. 204/205 (oben): Märkisches Museum Witten
S. 226/227: Mit Erlaubnis der Akademischen Druck- und Verlagsanstalt Graz
Alle übrigen Abbildungen: Stadt Bochum, Stadtarchiv, Presse- und Informationsamt